Klasse vorbereitet

Übergang 4→5

Deutsch

Gymnasium

Schroedel

Klasse vorbereitet

Übergang 4→5
Deutsch Gymnasium

Brigitte Endres ist Grundschullehrerin. Seit dem Schuljahr 2008/2009 ist sie Kooperationslehrerin Grundschule/Gymnasium. In dieser Funktion betreut sie Eltern und Schüler beim Übertritt aufs Gymnasium und unterrichtet zudem an einem Gymnasium in der 5. Jahrgangsstufe die Fächer Deutsch, Mathematik und Englisch.

Unter Mitarbeit von Ingo Müller.

Druck [1] / Jahr 2010

Herstellung: Sandra Grünberg
Umschlaggestaltung und Layout: Janssen Kahlert Design & Kommunikation GmbH, Hannover
Illustrationen: Ingo Lehnhof, Braunschweig
Redaktion und Satz: imprint, Zusmarshausen
Druck und Bindung: westermann druck GmbH, Braunschweig

ISBN 978-3-507-**22320**-2

Vorwort

Liebe Schülerin, lieber Schüler,

du stehst kurz vor dem Übergang in die 5. Klasse des Gymnasiums? ***Klasse vorbereitet*** hilft dir, deine Leistungen im Fach Deutsch richtig einzuordnen und das zu trainieren, was du noch nicht sicher genug beherrschst.

Wie arbeitest du mit diesem Buch?

1. Beginne mit dem Einstiegstest. Bearbeite jeweils einen Teilbereich (A bis E). Gehe dabei die Aufgaben zügig an.

2. Mithilfe der Lösungen im Anhang kontrollierst du, ob du die Test-Aufgaben richtig bearbeitet hast. Notiere deine Ergebnisse im Lernplaner (auf Seite 6).

3. Der Lernplaner gibt dir eine Übersicht darüber, welche Themen dir noch Schwierigkeiten bereiten und welche Kapitel du daher als Erstes bearbeiten solltest. Am Ende jedes Kapitels kannst du mithilfe des Zwischentests deinen Lernfortschritt überprüfen.

4. Nachdem du alle Kapitel durchgearbeitet hast, in denen du noch Schwierigkeiten hattest, bist du fit für den Abschlusstest.

Wenn du im Buch nicht genügend Platz zur Bearbeitung der Aufgaben findest, nimm einfach ein Heft zur Hand.

Viel Erfolg beim Üben mit ***Klasse vorbereitet***!
Brigitte Endres

Inhalt

Lernplaner

1 Bearbeite den Einstiegstest. Kreuze hier an, welches Ergebnis du in den verschiedenen Teilbereichen erzielt hast.

Teilbereich Einstiegstest	😀	🙂	☹	Seiten im Buch
A Rechtschreibung				Seite 12 bis 42
B Grammatik				Seite 43 bis 77
C Die Erzählung				Seite 78 bis 89
D Einen Bericht schreiben				Seite 90 bis 98
E Anleiten und Beschreiben				Seite 99 bis 106

2 Bei welchen Teilbereichen hast du ☹ angekreuzt?
Notiere sie in der Tabelle unten. Beginne mit dem schlechtesten Ergebnis.
Bearbeite dann die angegebenen Seiten im Buch der Reihe nach.
Dein Ergebnis im Zwischentest sollte nun mindestens ein 🙂 sein.

Teilbereich Einstiegstest	Ergebnis Einstiegs-test	erledigen bis	Ergebnis Zwischen-test

3 Ergänze, wo du im Einstiegstest ein 🙂 erreicht hast. In diesen Bereichen bereiten dir wahrscheinlich nur bestimmte Aufgabentypen Schwierigkeiten. Konzentriere dich darauf, wenn du das jeweilige Kapitel bearbeitest.
Auch wenn du überwiegend 😀 erzielt hast, kannst du dieses Buch nutzen, um noch sicherer zu werden.

4 Kontrolliere deinen Lernerfolg mithilfe des Abschlusstests.

Einstiegstest

A Rechtschreibung

1 Setze das richtig geschriebene Wort ein und streiche die anderen durch.

Unser Englisch-Unterricht

Wenn ich an meine Unterrichtsstunden (Unterrichtsstunden/ ~~Unterrichtstunden/Unterichtsstunden~~) denke, ... (fält/fellt/ fällt) mir sofort Englisch ein. In Englisch haben wir .... (viel/fiel) .... (Spass/Spaß), ... (den/denn) Herr Walsch ist sehr .... (nedt/nett/net). Er .... (schimft/schimmpft/ schimpft) nur .... (fürchterlich/fürchterlig), ... (wen/ wenn) jemand einen .... (Kaugummi/Kaugumi) im .... (Munt/Mund/Mundt) hat, oder wenn .... (jemant/jemand) mal das Buch oder die Schulaufgaben .... (vergißt/vergisst). Wenn wir .... (erzählen/ertzählen) .... (müßen/müssen), und einer macht zu .... (viele/fiele) Fehler, dann sagt er: „Du hörst erst mal zu." Und er .... (nimmt/nimt) einen anderen dran.

Vor einer .... (Arbeid/Arbeit) sagt er uns genau, was wir lernen .... (solen/sollen). Wenn wir nach einem .... (Teßt/ Tesst/Test) aushaben, ... (läst/läßt/lässt) er jeden schon gehen, der eher .... (vertig/fertig) geworden ist.

→

Einstiegstest

Ich bin ………… (meißt/meist/meisst) der ………… (Lezte/Letzte/Letze), weil ich alles ………… (immer/imer) noch einmal genau nachprüfe. ………… (Deshalp/Deshalb) schreibe ich ………… (fast/fasst/faßt) immer eine Zwei.

25

2 **Mit dem Bus oder mit dem Delfin zur Schule? – Setze ein.**

Zur Zeit Christi l __ bte der römische Schr __ ftsteller und Offizier Plinius. Er hat die folgende Geschichte erz __ lt.

Jeden Tag g __ ng der kleine Julius ans S __ ufer. Er lockte mit Brot einen Delf __ n an. Der Fisch n __ m die Sp __ se fr __ dig entgegen und sch __ n dabei zu bl __ nzeln. Dann l __ ß er Julius auf seinen R __ cken st __ gen. Mit b __ melnden B __ nen wurde Julius auf die andere S __ te des S __ s getragen. Dort war seine Sch __ le. Das d __ erte drei J __ re lang. Dann starb Julius an einer Krankh __ t. Und der Delf __ n wurde immer tr __ riger, weil er den Kn __ ben nicht m __ r s __ . Er soll bald dar __ f vor Tr __ er ebenfalls gestorben sein.

29

54 Gesamtpunktzahl Aufgaben 1 und 2

Lern planer

Kontrolliere deine Ergebnisse mithilfe der Lösungen (Seite 110) und addiere die erreichten Punkte.
Teilbereich A: ☐ 54 bis 43 Punkte: ☺ ☐ 42 bis 27 Punkte: 😐 ☐ 26 bis 0 Punkte: ☹

B Grammatik

3

Verbform – Grundform	Zeitform	Zahl	Person	Geschlecht
er lebte (leben)	Präteritum	Singular	3.	männlich
es gibt (..........)	Pr			sächlich
es wird geben (..........)				
sie haben genannt (..........)		Plural		
er hatte verlassen (..........)			3.	
sie wurde gesehen (..........)	Pr			weiblich

15

4 **Beantworte schriftlich.**

a) Nenne die drei wichtigsten Satzglieder.

....

b) Wie erfragt man das Dativobjekt, wie das Akkusativobjekt?

....

c) Schreibe die Bezeichnungen (Namen) von zwei adverbialen Bestimmungen auf.

....

....

d) Wodurch werden Hauptsatz und Nebensatz (Gliedsatz) immer voneinander getrennt?

....

8

Gesamtpunktzahl Aufgaben 3 und 4 23

Kontrolliere deine Ergebnisse mithilfe der Lösungen (Seite 110) und addiere die erreichten Punkte.
Teilbereich B: ☐ 23 bis 18 Punkte: ☺ ☐ 17 bis 12 Punkte: 😐 ☐ 11 bis 0 Punkte: ☹

Lernplaner

Einstiegstest

C Die Erzählung

5 **Wozu wechselt man in der Erlebniserzählung vom Präteritum plötzlich ins Präsens? Und wozu dient die wörtliche Rede?**

....

3 ....

2 **6** **Was gehört zum Erzählanfang?**

....

5 Gesamtpunktzahl Aufgaben 5 und 6

D Einen Bericht schreiben

7 **Denke an einen Unfallbericht. – Welche Fragen sind an den Bericht zu stellen?**

Einleitung:

- zu den Personen ....
- zum Ort ....
- zur Zeit ....
- zum Geschehen ....

Hauptteil: ....

- zum Ablauf ....

Schluss: ....

- zu den Folgen ....

7 Gesamtpunktzahl Aufgabe 7

Lernplaner

Kontrolliere deine Ergebnisse mithilfe der Lösungen (Seite 110) und addiere die erreichten Punkte.

Teilbereich C: ☐ 5 bis 4 Punkte: ☺ ☐ 3 bis 2 Punkte: 😐 ☐ 1 bis 0 Punkte: ☹

Teilbereich D: ☐ 7 bis 6 Punkte: ☺ ☐ 5 bis 4 Punkte: 😐 ☐ 3 bis 0 Punkte: ☹

E Anleiten und Beschreiben

8 Unterstreiche die Sätze, die in einer Anleitung nicht stehen sollten.

Also, wir machen so ein Ding, du weißt schon. Richte Kleber, Schere und dunkles Tonpapier her. Lege dir außerdem einen Bleistift, einen Radiergummi und Buntstifte in hellen Farben zurecht. Halte auch einen Spitzer sowie Klebeband bereit. Eva hat immer schon gesagt: „Pass mit der Schere auf!“ Man zeichnet am besten die Figur des Hasen mit Bleistift vor. Robert kann das gut, aber er ist dann manchmal ganz schön frech, wenn man etwas von ihm will. Kleine Fehler kann man einfach radieren und ausbessern. Mit der Schere vorsichtig an der Vorzeichnung entlang schneiden. Schon hast du deinen Hasen vorbereitet. Jetzt nimm helle Buntstifte und bemale deinen Hasen nach Belieben. Lass den blöden Carl aber nicht alles nachmachen. Der wartet immer ab, was die anderen machen, um alles nachzumachen. Sobald du zufrieden bist, kannst du den Hasen an das Klassenfenster kleben. Und zwar mit der bunten Seite nach außen.

Gesamtpunktzahl Aufgabe 8 | 5

Kontrolliere deine Ergebnisse mithilfe der Lösungen (Seite 110) und addiere die erreichten Punkte.
Teilbereich E: ☐ 5 bis 4 Punkte: 🙂 ☐ 3 bis 2 Punkte: 😐 ☐ 1 bis 0 Punkte: 🙁

Recht-schreibung

Das lernst du hier:

- → Groß- und Kleinschreibung
- → Vokal- und Konsonantenschreibung
- → Fremdwörter
- → Worttrennung
- → Zeichensetzung

Unsere Schrift hat die 26 Buchstaben des lateinischen Alphabets. Dazu kommen die Umlaute (ä/Ä, ö/Ö, ü/Ü) und das ß. Jeder Buchstabe kann klein- und großgeschrieben werden. Das ß bildet allerdings eine Ausnahme: Es kommt nie am Wortanfang vor und wird immer kleingeschrieben. In Großbuchstaben geschrieben wird es zu SS (groß → GROSS).

Laute und Buchstaben

Um Wörter aufzuschreiben, gebraucht man das Alphabet. Ein gehörtes Wort (z. B. im Diktat) überträgt man also in Buchstaben. Das ist nicht immer so einfach. Denn manche Laute lassen sich ganz unterschiedlich schreiben.
Ein Beispiel: der e-Laut. Man findet ihn in Wörtern wie der *R**e**tter, weg**e**n, ein**e** S**ee**le, anl**eh**nen, ein B**ä**cker* usw. Die richtige Schreibweise aber lässt sich durch Üben in den Griff kriegen.

Groß und klein

Nomen (Substantive), Namen, das erste Wort im Satz oder in Überschriften und bestimmte Anreden schreibt man groß. Allerdings gibt es Ausnahmen. Darüber solltest du Bescheid wissen und lieber noch ein bisschen daran arbeiten.
Die **Zusammen- und Getrenntschreibung** ist nicht ganz einfach. Da kann man sich aber fit machen.
Fremdwörter stammen aus anderen Sprachen. Deshalb richten sie sich meist nach Regeln, die wir nicht gewohnt sind.
Auch die **Worttrennung** hat ihre Regeln.

Zeichensetzung

Am Satzende stehen Zeichen, nach Überschriften meist nicht. In der Aufzählung und zwischen Sätzen stehen Zeichen. Besondere Satzzeichen kommen bei der wörtlichen Rede vor. Das alles ist geregelt, manchmal aber auch freigestellt.

Groß- und Kleinschreibung

REGEL

Das **erste Wort im Satz** oder **in einer Überschrift** schreibt man normalerweise **groß**. Ansonsten werden fast nur die Nomen (Namenwörter/Substantive) großgeschrieben.

1 Markiere im folgenden Text alle Wörter, die (in normaler) Schreibschrift mit großem Anfangsbuchstaben geschrieben werden.

zwerge der urzeit

die heutigen lebewesen der erde stammen von vorfahren ab, die nur aus einer einzigen zelle bestanden. alle tiere, pflanzen und menschen gehen also auf einzeller zurück.

es dauerte viele millionen jahre, bis sich alles so entwickelt hatte, wie wir es jetzt kennen.

das tolle daran aber ist, dass es die einzeller heute noch gibt. die meisten anderen lebewesen dazwischen, zum beispiel die saurier, existieren dagegen schon lange nicht mehr.

2 Markiere alle Wörter, die großgeschrieben werden müssen.

DIE RIESEN DER URZEIT

WENN MAN HEUTE VON SAURIERN SPRICHT, DANN DENKEN DIE MEISTEN MENSCHEN AN DIE RIESIGEN DINOSAURIER. SIE LEBTEN AUF DEM FESTLAND. VIELE DIESER TIERE KONNTEN SCHWIMMEN UND HIELTEN SICH HAUPTSÄCHLICH IN SEEN UND SÜMPFEN AUF. IM ODER AM MEER KAMEN SIE OFFENBAR NIE VOR. SIE SIND AUCH NICHT ZWISCHEN FESTLAND UND MEER ENTSTANDEN. DIE MEISTEN DINOSAURIER HATTEN VIER STÄMMIGE BEINE. TRAGEN MUSSTEN DIESE EINEN MASSIGEN KÖRPER. ES GAB VERTRETER UNTER IHNEN MIT HORNPLATTEN, STACHELN ODER LANGEN KOPFHÖRNERN. DANEBEN EXISTIERTEN ABER AUCH ZWEIBEINER MIT KURZEN ARMEN. ERNÄHRT HABEN SOLLEN SIE SICH SOWOHL VON PFLANZEN WIE AUCH VON AAS UND ERBEUTETEM FLEISCH. DAGEGEN WAREN DIE VIERFÜSSIGEN SAURIER FAST ALLE FRIEDLICHE PFLANZENFRESSER ODER ALLESFRESSER.

3 Überlege: groß oder klein? Setze die richtigen Buchstaben ein.

TIPP

Am besten lässt es sich üben, wenn man einen guten **Arbeitsplatz** hat. Prüfe: Ist dein Arbeitsplatz vorbereitet?

- Schaffe erst einmal **Ordnung**.
- Lege dann die **Arbeitsmittel** bereit, die du brauchst: Füller, Bleistift, Farbstifte, Lineal, Heft, Block, Radiergummi, Wörterbuch usw.

Der letzte Schultag in der Grundschule

Am letzten __ag vor den __erien sind wir alle in die große __alle gegangen.

__nsere __ltern waren auch da. __uerst hat die __lötengruppe etwas __orgespielt. __ann hat die dritte __lasse gesungen. __ie __chulleiterin hat eine __ede gehalten. __anach haben wir alle __usammen ein __ied gesungen.

__is dahin waren alle __röhlich, __ber dann wurde es ein bisschen __raurig. __rau Scherer, __nsere __lassenlehrerin, hat jeden in den __rm genommen und sich verabschiedet. Jenny hat __eweint und ihre __utter auch. Bastian und __ir war auch ganz __omisch zumute.

__ann gab es endlich __erien. __n dieser __eit habe ich die __chule ganz __ergessen. __ur am __etzten __ag war ich wieder ganz aufgeregt. __ch musste meine __achen zusammenpacken und den __ecker __tellen.

4 Schreibe alle Nomen (Substantive/Hauptwörter) ohne die Eigennamen in dein Heft und setze den bestimmten Artikel (das Geschlechtswort) davor. Manche Nomen kommen mehrmals vor.

der Schultag, die Grundschule, der …

REGEL

Nomen (Namenwörter) kannst du daran erkennen, dass sie oft einen **Artikel** (Begleiter) bei sich haben. Nomen bezeichnen Lebewesen, Dinge oder Abstrakta (= Nicht-Gegenständliches. Beispiele: *Liebe, Höflichkeit, Idee, Wille*).
Einige Namenwörter kannst du auch an ihren Endungen erkennen. Wörter mit den Endungen *-heit, -keit, -nis, -schaft, -tum, -ung, -ismus, -al, -chen/-lein* sind Nomen. Man schreibt sie also groß. Beispiele: *Einheit, Sauberkeit, Hindernis, Freundschaft, Irrtum, Richtung, Sozialismus, Schicksal, Röschen/Röslein.*

5 **Streiche mindestens 20 verschiedene Nomen (auch Eigennamen) farbig an. Vielleicht findest du auch Wörter, die keine Nomen sind.**

W	X	A	B	C	T	R	E	N	N	U	N	G	D	E	E	R
K	N	T	R	O	C	K	E	N	H	E	I	T	F	R	G	I
L	R	H	E	I	J	K	L	E	M	N	O	P	I	B	Q	C
H	E	Y	I	S	T	U	V	R	W	X	Y	Z	R	S	A	H
Ä	F	B	N	E	I	T	E	L	K	E	I	T	R	C	C	T
U	F	D	H	E	F	Ü	B	E	L	K	E	I	T	H	G	U
F	O	H	E	I	J	K	L	B	M	N	O	P	U	A	Q	N
L	I	H	I	N	D	E	R	N	I	S	R	S	M	F	T	G
E	S	U	T	V	W	X	Y	I	R	E	I	C	H	T	U	M
I	B	Z	F	E	I	N	D	S	C	H	A	F	T	A	B	C
N	I	T	E	N	R	Y	A	S	C	H	I	C	K	S	A	L
M	E	C	H	A	N	I	S	M	U	S	C	F	M	Y	I	O
I	K	O	S	B	H	Ä	U	F	C	H	E	N	O	X	E	F

6 **Trage die Nomen aus Aufgabe 5 geordnet ein. Setze den bestimmten Artikel (das Geschlechtswort) davor.**

mit der Endung *-ung*: ....

mit *-heit*: ....

mit *-keit*: ....

mit *-schaft*: ....

mit *-tum*: ....

mit *-nis*: ....

mit *-ismus*: ....

mit *-al*: ....

mit *-chen/-lein*: ....

REGEL

Eine Besonderheit bei der Groß- und Kleinschreibung stellen die **Anredepronomen** *du, dir, ihr, euch* usw. dar.
Sie werden kleingeschrieben. In Briefen, Postkarten und E-Mails können sie auch großgeschrieben werden.

7 Setze in diesen Postkartentext die Anredepronomen ein. Schreibe sie alle klein.

deiner · dir · eure · dir · dich · du

Liebe Janina,

viele Grüße aus der Toskana sendet .... Hannah. Uns geht es sehr gut.

Was machst .... den ganzen Tag bei .... Oma an der Ostsee?

Ist es .... dort nicht langweilig? Wir sind den ganzen Tag mit unseren

Freunden am Meer. Ich freue mich schon wieder auf .... und

.... Meerschweinchen.

Liebe Grüße Hannah

REGEL

Die **Anredepronomen der Höflichkeit** werden in Postkarten, Briefen und E-Mails, aber auch innerhalb der wörtlichen Rede großgeschrieben: z.B. *Sie, Ihr, Ihnen, Ihrem, Ihnen.*

8 Du kannst im Postkartentext die Anredepronomen auch großschreiben. Setze die Anredepronomen groß ein.

Ihr · Dir · Deinem · Dir · Du

Lieber Paul,

herzliche Grüße aus Frankreich sendet .... Max. Wir können hier am

Strand den ganzen Tag baden und Fußball spielen. Was machst .... zu

Hause? Habt .... den neuen Hasenstall schon gebaut? Ich freue mich

schon wieder aufs Kickern mit .... und .... Papa.

Liebe Grüße Max

9 Setze in die E-Mail die richtigen Anredepronomen der Höflichkeit ein.

Sehr geehrter Herr Gerster,

wir kommen mit einem großen Anliegen auf .... zu. Unser Spielplatz

am Waldrand ist immer sehr stark verschmutzt. Die Hunde können ein- und

ausgehen und unseren Sandkasten als Hundeklo verwenden.

Hat .... Tochter Laura .... davon schon erzählt? Auch treffen sich immer wieder Jugendliche und zertrümmern auf unserem Spielplatz Getränkeflaschen. Könnten .... bitte veranlassen, dass ein kleiner Zaun um den Spielplatz gebaut wird, sodass die Hunde nicht mehr hineinkönnen? Die Jugendlichen könnten ja wie in Diedorf einen Bauwagen zur Verfügung gestellt bekommen, dann müssten sie sich nicht mehr auf unserem Spielplatz treffen.

Wir wären .... dankbar, wenn .... unsere Bitte dem Gemeinderat vortragen würden. Wir wissen ja, dass .... sich immer sehr für die Wünsche der Kinder und Jugendlichen einsetzen.

Mit freundlichen Grüßen
die Kinder der Sportgruppe „Wald“

10 **Setze die Anredepronomen in der richtigen Schreibweise ein.**

Peinliche Fragen

„Warum hast .... (DU) schon wieder keine Schulaufgaben?“

„Entschuldigen .... (SIE), aber ich habe .... (IHNEN) doch gestern schon gesagt, dass ich das nicht verstanden habe.“

„Und .... (IHR) beide? Dasselbe?“ „Ich hatte .... (SIE) gemacht, aber dann hat .... (SIE) mein Hund zerfetzt.“ „Und ich hatte mein Heft bei .... (IHR) vergessen. Das hat auch .... (IHR) Hund zerfetzt.“

„Und was ist .... (DEINE) Entschuldigung heute?“

„Ich habe mich mit meinem Freund gestritten. Glauben .... (SIE) mir, ich war so aufgeregt, dass ich .... (IHREN) Aufgabenzettel ganz vergessen habe.“

11 **Groß- oder kleingeschrieben? – Setze ein, achte auch auf die Zeitform.**

Wenn man lieber schweigen möchte

Es war der erste Schultag nach den Ferien. Linda .... (erzählen) ohne Ende. Beim .... (schwimmen) im Meer hatte sie einen netten Jungen kennengelernt. Leider hatten sie beim .... (Abschied, nehmen) vergessen, die Adressen auszutauschen.

Also .... (reden) Linda die ganze Mathe-Stunde über. Und prompt erwischte sie Herr Schulz beim .... (quatschen) und .... (ermahnen) sie. Da .... (nehmen) sie mein Klebeband, das auf dem Tisch .... (liegen).

„Ich brauche es zum .... (zukleben)", flüsterte sie. – „Was willst du denn .... (zukleben)?", fragte ich. – „Meinen Mund, weil mir das .... (schweigen) so schwerfällt."

Dann machte sich Linda ans .... (kleben): ein Streifen nach dem anderen. Manchmal .... (müssen) sie die Hände vor ihren Mund halten, wenn Herr Schulz .... (gucken). Die Klasse hatte inzwischen natürlich alles mitbekommen und konnte kaum das .... (lachen) verbergen.

Später, in der Pause, machte sich Linda ans .... (abnehmen) der Klebestreifen. Aber es ging nicht! Ich musste zum vorsichtigen .... (zerschneiden) eine Schere holen.

Vokalschreibung

REGEL

Lang gesprochener Vokal

Wörter mit lang gesprochenem Vokal können unterschiedlich geschrieben werden:

- mit einfachem Vokal: *der Star, leben, rot, Mut*
- mit Dehnungs-h: *die Bahn, fehlen, hohl, der Stuhl,*
- mit doppeltem Vokal: *Kaffee, See, Meer, Moos, Boot*

Eine Besonderheit stellt die Rechtschreibung mit dem lang gesprochenen Vokal „i“ dar:

Hier gibt es folgende Möglichkeiten:

- mit einfachem i: *Lid, Mine, Igel, Tiger*
- mit Dehnungs-h: *ihm, ihn, ihren, ihre*
- mit ie: *Klavier, vier, sieben, Biene*
- mit ieh: *ziehen, fliehen*

12 **Setze die fehlenden Buchstaben ein.**

Wie ich am liebsten den Nachmittag verbringe

In der l ___ tzten Sch ___ lstunde kann ich meist gar nicht m ___ r richtig aufpassen. Ich m ___ ss dann immer sch ___ n an den Nachm ___ tt ___ g denken. Dann verbr ___ ngen meine Fr ___ ndin und ich ein p ___ r Stunden bei den Pferden.Unsere L ___ blinge sind Grazielle und Wotan. Beide sind v ___ r J ___ re alt. W ___ r pfl ___ gen und füttern sie. Bei sch ___ nem Wetter dürfen wir auch einige B ___ nen reiten. Sonst f ___ ren wir Grazielle und Wotan auf der W ___ se hin und her, damit s ___ Bew ___ gung haben.

Nur D ___ nstag und D ___ nnerstag haben wir keine Z ___ t. Dann habe ich Schwimmtr ___ ning, und meine Freundin m ___ ss ___ rer Mutter im L ___ den helfen.

TIPP

Deine **Freizeit** ist wichtig und darf nicht zu kurz kommen. Achte deshalb auf eine gute **Zeiteinteilung**.
Überlege z. B. Folgendes:
- Führst du einen Kalender? (Du behältst damit den Überblick über Geburtstage, Ferien, Klassenarbeiten, Feten usw.)
- Könnte dir ein Aufgabenheft helfen? (Jeder vergisst ja mal etwas.)
- Hast du dir schon einmal eine Wocheneinteilung gemacht? (Dabei helfen z. B. Pinnwand und Merkzettelchen.)

Probiere die Tipps doch einfach mal aus. Auch Profis tun das.

13 **Hier findest du senkrecht und waagrecht mindestens 20 Wörter mit einfachem Vokal oder Umlaut. Markiere sie bunt.**

l	e	s	e	n	f	f	x	s	o
s	b	t	o	d	x	ö	l	t	f
c	x	r	x	d	y	n	i	r	e
h	v	a	s	e	j	y	d	o	n
o	ß	ß	c	y	x	q	c	m	z
n	q	e	h	ö	s	e	ß	c	x
e	u	p	w	m	a	l	e	y	b
n	a	r	a	q	m	i	n	e	i
ä	l	e	n	t	y	k	l	x	b
x	y	l	q	t	o	m	a	t	e
w	r	o	s	e	a	l	t	a	r
y	ü	s	x	s	c	h	a	l	y

Schreibe alle Wörter auf, die du gefunden hast.
Achte dabei auf die richtige Groß- und Kleinschreibung

....

....

....

....

....

....

14 **Hier sollst du entscheiden, ob du den Vokal oder den Umlaut mit oder ohne Dehnungs-h schreibst. Hierfür gibt es keine Regel, und du kannst den Unterschied nicht hören. Entscheide nach deinem Gedächtnis. Kreuze nur die passenden Buchstaben an und schreibe sie dann in die Lücken.**

1. Lücke			2. Lücke	
☐ a	☒ ah	B ah nsch ie ne	☐ i	☒ ie
☐ a	☐ ah	unbez ..... lb ..... r	☐ a	☐ ah
☐ a	☐ ah	St ..... lb ..... rer	☐ o	☐ oh
☐ ä	☐ äh	ausw ..... l ..... n	☐ e	☐ eh
☐ e	☐ eh	B ..... rgh ..... le	☐ ö	☐ öh
☐ e	☐ eh	l ..... b ..... ndig	☐ e	☐ eh
☐ ä	☐ äh	b ..... renst ..... rk	☐ a	☐ ah
☐ ü	☐ üh	Fr ..... n ..... bel	☐ e	☐ eh
☐ o	☐ oh	R ..... tk l	☐ o	☐ oh
☐ e	☐ eh	b ..... f ..... len	☐ o	☐ oh
☐ u	☐ uh	h ..... ndem ..... de	☐ ü	☐ üh
☐ u	☐ uh	Bl ..... menk ..... bel	☐ ü	☐ üh
☐ e	☐ eh	schw ..... rel ..... s	☐ o	☐ oh

15 **Der lang gesprochene Vokal kann auch mit Doppelvokal (aa, oo, ee) geschrieben werden. Die Antworten in diesem Rätsel enthalten nur Doppelvokale. Schreibe die Lösungen auf die Zeilen.**

a) Ein Getränk, das Erwachsene gerne am Morgen oder am Nachmittag trinken: ....

b) Ein Getränk, das du trinken musst, wenn du krank bist: ....

c) Das hast du auf dem Kopf: ....

d) Darin kannst du im Sommer baden (zwei Lösungen):

....

e) Das brauchst du, um Gewichte genau bestimmen zu können: ....

f) Dieser Fisch sieht einer Schlange sehr ähnlich: ....

g) Zu zwei Strümpfen kann man auch ein .... Strümpfe sagen.

h) Der Begriff für ein kleines Schiff: ....

i) Das wächst im Wald am Boden: ....

j) Hier kannst du Tiere aus fremden Ländern beobachten: ....

k) Ein Begriff für gefrorenen Regen: ....

16 **Versuche, ob du alle diese Wörter mit doppeltem Vokal in vier bis fünf sinnvolle Sätze packen kannst (Hefteintrag).**

17 **Viele Verben ändern im Präteritum (in der 1. Vergangenheit) den Vokal zu einem „ie“. Setze die Sätze in das Präteritum und achte auf die richtige Verbform mit „ie“.**

Carmen ruft ihre Freundin auf dem Handy an.

....

....

In den Ferien schlafe ich sehr lange.

....

Das Flugzeug gerät in ein Unwetter.

....

Meine Oma stößt sich an der Tischkante.

....

....

Als sie der Lehrer aufruft, schweigt Gabi.

....

Mit Freude schreibe ich meiner Freundin Laura eine E-Mail.

....

....

18 Viele Verben, die im Präsens ein „ie“ haben, ändern ihren Vokal im Präteritum. Setze folgende Verben ins Präteritum.

Präsens (Gegenwart)	1. Vergangenheit (Präteritum)	Präsens (Gegenwart)	1. Vergangenheit (Präteritum)
ich friere	ich fror	wir riechen	
er verliert		sie verbieten	
wir gießen		es kriecht	
du liegst		wir schießen	
er verbiegt		es fließt	
sie fliegen		ich schließe	
es wiegt		wir schieben	

Konsonantenschreibung

REGEL

Wenn du deutlich sprichst, kannst du Konsonanten meistens gut hören.

19 Ergänze die Lücken.

Aus der Steinzeit

In der Altsteinzei ___ leb ___ en die Menschen als Jäger und Sammler.

Sie schü ___ en sich vor Kälte und Wind durch Z ___ eige und Felle.

Ihre Woh ___ ungen hatten sie hin ___ er Fel ___ wänden oder in Höh ___ en.

Zur Herstellung von Wer ___ zeug und Waffen nah ___ man Stei ___ e, ___ nochen und Hol ___ . Erlegte Tie ___ e wurden vollstän ___ ig ver ___ ertet.

Das Fleisch wurde na ___ ürlich ge ___ essen. Die ü ___ rigen Dinge be ___ utzten die Stein ___ eitmenschen fü ___ die Be ___ ältigung ihrer tagtägli ___ en Bedür ___ nisse.

REGEL

Am **Ende eines Wortes** werden die Konsonanten **d, b, g** hart gesprochen und klingen dann wie **t, p, k**. Wenn du aber das Wort verlängerst, dann kannst du den Unterschied gut hören.

- *der Strand → die Strände*
- *der Ausflug → die Ausflüge*
- *gelb → das gelbe Ei*

20 Finde die richtige Schreibweise heraus.

Rätselwort	Problem	Verlängerung oder verwandtes Wort	richtige Schreibweise
run◆	d/t	runde, der runde Ball	rund
a) spä◆	/		
b) Geschen◆	/		
c) Fabri◆	/		
d) frem◆	/		
e) har◆	/		
f) Ban◆	/		
g) wil◆	/		
h) Käfi◆	/		
i) bun◆	/		
j) lie◆	/		
k) Ausflu◆	/		
l) Ber◆	/		

REGEL

Nach einem kurz gesprochenen Vokal (Selbstlaut) folgt oft ein doppelter Konsonant (Mitlaut).

- Es gibt sehr viele Wörter mit einem doppelten Konsonanten.
- Du machst den doppelten Konsonant deutlich, wenn du die Wörter in Silben trennst.
- Wenn du das Wort in Silben teilst, trennst du den doppelten Konsonanten auseinander.

TIPP

Alle Wörter sind Nomen.

21 Jedes Wort im Kreuzworträtsel enthält einen doppelten Konsonanten. Schreibe die Lösungen in normaler Groß- und Kleinschreibung in die Kästchen.

Darin kannst du einen Teig anrühren.

Darin wohnen König und Königin.

Das ist die wärmste Jahreszeit.

Das hast du, wenn du traurig bist.

Damit kannst du schneiden.

Damit saugt der Elefant Wasser auf.

Dieses Tier ist dem Menschen am ähnlichsten.

Ein bequemer Stuhl, z. B. zum Fernsehen.

Dieser Mensch hält in der Kirche die Messe.

Dort siehst du die Sonne und die Wolken.

Das hat man, wenn man viel zu tun hat.

Ein anderes Wort für Klosterfrau.

Lösungswort: ....

22 Schreibe alle Wörter des Kreuzworträtsels und das Lösungswort, wenn möglich, in getrennten Silben auf die Zeilen.

....

....

....

....

....

23 **Setze folgende Verben mit doppeltem Konsonanten in die angegebenen Zeitformen (Vorsicht, nach einem lang gesprochenen Vokal oder einem Doppellaut wird das „ss“ zu „ß“!)**

Infinitiv (Grundform)	1. Person Singular Präsens (Gegenwart)	1. Person Singular Präteritum (1. Vergangenheit)	1. Person Singular Perfekt (2. Vergangenheit)
wissen	ich weiß	ich wusste	ich habe gewusst
müssen			
küssen			
vermissen			
schwimmen			
hoffen			
messen			
essen			
fassen			
hoffen			
treffen			

REGEL

Für **z** und **k** gibt es eine besondere Regel:
- Man schreibt nicht **zz**, sondern **tz**.
- Man schreibt nicht **kk**, sondern **ck**.

Auch vor diesen Konsonantengruppen steht ein kurz gesprochener Vokal (Selbstlaut). Nur manche Fremdwörter machen eine Ausnahme, dort gibt es zz und kk: *Pizza, Sakko.*

Vorsicht bei der Silbentrennung:
- **tz** trennt man in t + z: z. B. *schmut-zig, schwit-zen, Hit-ze.*
- **ck** dagegen bleibt zusammen: *schme-cken, Ja-cke, drü-cken.*

24 **Bilde zusammengesetzte Nomen und schreibe sie dann mit getrennten Silben auf (Hefteintrag).**

rennen	Strecke Anzug	putzen	Eimer Personal	schützen	Anzug Kleidung
passen	Form Bild	backen	Stube Anleitung	blicken	Richtung Punkt

Schreibe so:

ren-nen: die Renn-stre-cke, der Renn-an-zug

25 **Suche zu den folgenden Verben (Tunwörtern) immer vier verwandte Wörter und schreibe sie in die Tabelle.**

fressen	packen	treffen

26 **Markiere alle Wörter mit f-Laut. Trage sie dann geordnet in die Tabelle** **auf Seite 30 ein.**

Z	Y	F	A	L	L	E	N	X	Y	V	A	T	E	R	A	F
P	V	E	P	F	Ü	R	P	G	V	O	R	C	P	F	U	I
F	I	R	F	E	M	P	F	E	H	L	E	N	Z	Z	F	E
A	E	T	L	I	B	F	E	F	Q	L	Y	V	O	G	E	L
N	R	I	Ü	L	E	U	I	E	Z	D	A	M	P	F	E	N
N	F	G	G	E	R	N	L	H	P	F	I	R	S	I	C	H
E	R	Q	E	N	U	D	E	L	V	E	I	L	C	H	E	N
Q	E	X	N	E	F	F	E	T	P	F	A	U	N	E	R	V
V	I	E	L	V	O	N	V	I	E	L	L	E	I	C	H	T

mit f: ....

....

mit v: ....

....

mit pf: ....

....

REGEL

In der **Vorsilbe ver-** schreibt man immer **v**:
versuchen, verlaufen, vertraut; das Verfahren, der Verkehr, der Straßen-verkehr, die Vereinigung, die Wiedervereinigung usw.
Am **Wortanfang deutscher Wörter** kommt **v** nur sehr selten vor:
der Vater, viel, der Vogel, von, vorn, das Vieh, vielleicht, das Volk, voll.

27 Ergänze die Wörter und ordne sie ein.

TIPP
Hier handelt es sich um Wörter mit x-Laut!

Ta.......i, Fu......., werkta......., lin.......,
Kni......., Rettun.......boot, O.......e, bo.......en,
schla.......ig, Kla......., Bü.......e, Pra.......is, unterwe......., Ni.......e,
dei.......eln, Mur......., Kle......., Ke......., zwe......., mitta......., Wa.......,
e.......tra, Eide.......e, mi.......en, geradewe......., anfan......., se.......,
A.......t, Vol.......wagen, Kucku.......uhr, schnurstra......., neuerdin.......,
kle.......en, Le.......ikon, rin.......herum, we.......eln, mu.......mäuschen-still, Schla.......

Wörter mit x	Wörter mit chs	Wörter mit gs
Taxi	Fuchs	werktags

Wörter mit ks	Wörter mit cks

REGEL

Die Schreibung der **s-Laute** ist schwierig.

– Nach **Doppellauten** wie **ei, au, äu, eu** folgt immer **s** oder **ß**:
  z. B. *die Reise, draußen.*

– Nach **lang gesprochenem Vokal oder Umlaut** folgt **s** oder **ß**:
  z. B. *das Maß, die Rose.*

– Nach **kurz gesprochenem Vokal oder Umlaut** folgt **ss** oder **s**:
  z. B. *müssen, du hast.*

TIPP
Den s-Laut kann man schreiben als: s, ss oder ß.

28 Fülle die Lücken.

Dabei dürfen wir uns nicht erwischen lassen

Wie man es anstellt, in der gro__en Pau__e nicht nach drau__en zu mü__en, ha__t du wahrscheinlich selbst schon au__probiert. – Wenn man dann __o mit __einem Freund durch die Kla__en und Flure pirscht, trifft man mei__t auch ein paar von den Gro__en. Sie kommen zu un__rüber, um heimlich zu rauchen. Um die__e Typen __ollte man einen Rie__enbogen machen, damit man nicht mit ihnen zu__ammen von der Auf__icht gefa__t wird.

In der Advent__zeit findet man in fa__t allen Kla__en Rei__ig und Wach__kerzen. Da la__en wir un__ schon mal dazu hinrei__en, ein bi__chen zu kokeln. Bi__her hat da__ noch keiner gemerkt. Natürlich gibt e__ noch manchen anderen Spa__, bei dem man __ich nicht ertappen la__en __ollte …

29 Setze Reimwörter mit s oder ß ein.

hauSen	**reiSen**
s __ __ __ __ __	sp __ __ __ __ __
br __ __ __ __ __	E __ __ __ __
z __ __ __ __ __	ber __ __ __ __ __
l __ __ __ __ __	ver __ __ __ __ __
gr __ __ __ __ __	verr __ __ __ __ __
schm __ __ __ __ __	bew __ __ __ __ __

gießen	reißen
fl	b
sch	h
sp	schw
schl	w
spr	abr
gen	schm

30 **Bilde Verkleinerungsformen.**

die Nase	–	
der Hase	–	
das Haus	–	
die Maus	–	
die Rose	–	
die Tasse	–	
die Straße	–	
die Gasse	–	
der Strauß	–	
das Ross	–	

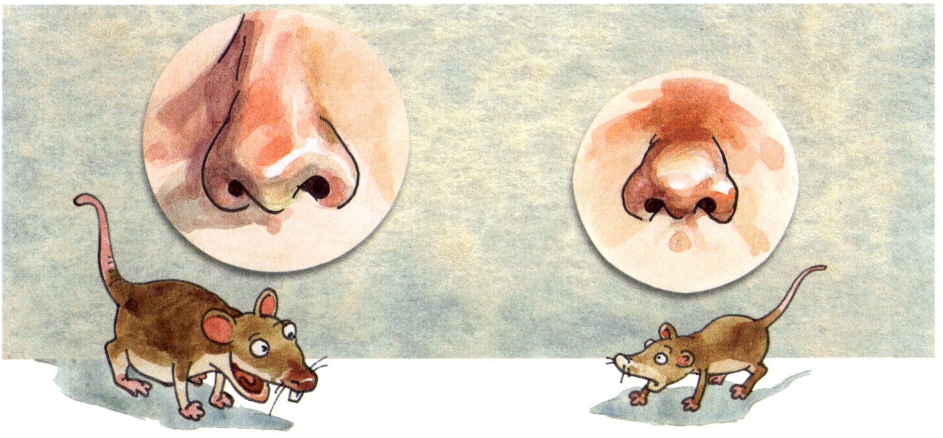

REGEL

Wenn du nicht genau weißt, ob du **das** oder **dass** schreiben musst, dann probiere Folgendes:
Versuche, **dieses** oder **welches** dafür einzusetzen. Wenn es geht, schreibe „das“, sonst „dass“.
Beispiel: *Ich glaube, das (= dieses) wird sich nicht ändern. – Ich glaube, dass (—) es sich nicht ändern wird.*

31 Kreise „das“ und „dass“ ein.

Was mir nicht gefällt

Mich stört das frühe Aufstehen am Morgen. Auch finde ich nicht gut, dass der Schulbus immer so voll ist, dass die großen Schüler uns nicht auf die Sitzplätze lassen und dass alle so fürchterlich drängeln.
Aber ich glaube, das wird sich so schnell nicht ändern. Und da gibt es noch etwas, das mich nervt. Das ist nämlich das ständige Gerede, das unsere Jungs um ihre Fußball-Clubs veranstalten.

32 Prüfe und setze „das“ oder „dass“ richtig ein.

Was mir nicht gefällt

Mich stört, ... ich am Morgen so früh aufstehen muss. Auch finde ich .... Drängeln der großen Schüler im Schulbus nicht gut, ... sie uns nicht auf die Sitzplätze lassen und .... der Bus immer so voll ist. Aber ich glaube, ... sich .... nicht so schnell ändern wird.

Und da gibt es noch etwas, ... mich nervt. .... nämlich unsere Jungs .... ständige Gerede um ihre Fußball-Clubs nicht sein lassen können.

Worttrennung

33 **Versuche, diese Geheimbotschaft zu entschlüsseln. Teile dazu die Silben durch senkrechte Striche ab und schreibe die Lösung dann auf.**

OLI|MAPISTITERHINDERTAFELSTECKTVERVERSDERPE

Olivers Mappe ....

....

34 **Verschlüssele jetzt diesen Satz:**

DAFÜR HABE ICH SEINE TURNSCHUHE AUS DEM FENSTER GEWORFEN

REGEL

Am Zeilenende können Wörter so getrennt werden, wie sie sich beim langsamen Sprechen in Silben zerlegen lassen. Dabei darf der Sinn nicht verändert werden: *Pfer-de-stall, Knäu-el, So-cken, be-in-hal-ten* usw. Einzelne Vokalbuchstaben am Wortanfang oder Wortende werden nicht abgetrennt, auch nicht in Wortzusammensetzungen: *Ge-trei-de-kleie, Amei-se, Mai-abend* usw.

35 **Trage die fehlenden Trennsilben ein.**

Him-..........-tor-te, Ele-.........., Klas-..........-raum, Haus-..........-

ga-..........-heft, ...-rad-ket-.........., Klin-.........., an-spit-..........,

ver-..........-fen, ab-..........-ßen, ...-nach-ten, He-..........-

knus-..........-häus-.........., Zu-..........-wat-te, Don-..........-tag-..........-

tag, Fens-..........-putz-..........-tel, ...-ser-..........-xe

36 Trenne die folgenden Wörter.

a) Spargelder – ....

b) Altbauerhaltung – ....

c) beinhalten – ....

d) Blutegel – ....

e) Druckerzeugnis – ....

f) Druckerzeugnis – ....

TIPP

Aufgabe 36 e) und f) sind sehr trickreich. Denke an etwas, was du am Schuljahresende bekommst – und an das, was fertig wird, wenn etwas erzeugt wird.

37 Manche Wörter kann man auf zwei Weisen trennen. Benutze ein Wörterbuch.

a) He-li-ko-pter und ....

b) hi-nauf und ....

c) wa-rum und ....

d) .... und her-an

e) .... und vor-aus

f) .... und in-ter-es-sant

Zeichensetzung

38 **Vervollständige die Sätze mit den vorgegebenen Wörtern und Wortgruppen. Setze dann die Kommas.**

Rechner · Monitor · Tastatur · Maus · Drucker · Messer · spitze Scheren · Feuerwerkskörper · andere gefährliche Gegenstände · einen Vogel · einen Käfig · Vogelfutter · einen CD-Spieler · ein Paar Kopfhörer · drei CDs · donnert · hagelt · stürmt

a) Zum Computer gehören der Rechner, der Mo............ die T............ die M............ und der Dr............ .

b) M............ s............ F............ sowie a............ dürfen nicht in die Schule mitgebracht werden.

c) Zum Geburtstag wünsche ich mir ei............ .... oder ei............ .... und ....

d) Draußen d............ .... und st............ es.

REGEL

Nach einem Aussagesatz steht ein **Punkt**. (Der Punkt steht nicht nach einer Überschrift.) Nach einem Fragesatz steht ein **Fragezeichen**. Ein **Ausrufezeichen** steht nach einer Aufforderung, nach einem Befehls- und einem Wunschsatz. Diese Satzschlusszeichen stehen immer am Ende des ganzen Satzes. Der Ganzsatz kann kurz, aber auch recht lang sein und aus mehreren Einzelsätzen bestehen.
Zwischen den zusammengehörenden Teilen einer Aufzählung steht ein **Komma**. Anstelle des Kommas kann auch eine **Konjunktion** (Bindewort) stehen wie und, oder, wie, sondern, aber usw.

Die wörtliche Rede

REGEL

Bei der **wörtlichen Rede** musst du unterscheiden zwischen **Begleitsatz** und **Redesatz**. Der Redesatz beinhaltet, was gesprochen wird, der Begleitsatz sagt uns, wer spricht.

- *Die Verkäuferin ruft Lukas zu* (= Begleitsatz)*: „Vergiss das Fischfutter nicht!“* (= Redesatz).
- Der Satz kann auch so lauten: *„Vergiss das Fischfutter nicht!“* (Redesatz)*, ruft die Verkäuferin Lukas zu* (Begleitsatz).
- Der Begleitsatz kann also vor und nach dem Redesatz stehen.
- Vor und nach dem Redesatz stehen Anführungszeichen.
- Steht der Begleitsatz vor dem Redesatz, wird er mit Doppelpunkt beendet.
- Steht der Begleitsatz hinter dem Redesatz, trennst du ihn mit einem Komma ab.

39 Unterstreiche in folgendem Text den Redesatz blau und den Begleitsatz rot:

Lukas bekommt ein Aquarium

„Papa, du hast mir doch schon so lange versprochen, dass ich endlich ein Aquarium bekomme“, jammert Lukas. Papa antwortet: „Das stimmt, Lukas. Heute habe ich auch Zeit, mit dir zum Aquariumcenter zu fahren.“ „Super Idee, Papa!“ , jubelt Lukas.

40 Hier steht der Begleitsatz vor dem Redesatz. Setze die richtigen Satzzeichen ein.

Die Verkäuferin in der Zoohandlung fragt ___ Wie groß soll denn dein Aquarium sein ___

Lukas antwortet ___ So groß wie dieses hier ___

Die Verkäuferin meint   Dieses Becken hat 80 Liter und ist gut geeignet für

ein großes Kinderzimmer

Papa fügt hinzu   Ja, das Aquarium soll in Lukas' Zimmer stehen, damit er

sich für die Pflege verantwortlich fühlt

41 Jetzt steht der Begleitsatz hinter dem Redesatz.
Setze die Satzzeichen richtig ein.

Welche Fische eignen sich denn für ein solches Aquarium   fragt

Lukas.

Da musst du noch etwas Geduld haben   meint die Verkäuferin.

Das Aquarium braucht erst eine Bodenfüllung und muss bepflanzt werden.

Dann muss das Wasser besonders zubereitet werden, damit die Fische sich

dort wohlfühlen können   erklärt Papa.

Kaufen wir auch gleich eine Heizung und eine Belüftungspumpe   will

Lukas wissen.

Ja, das besorgen wir heute und dann lesen wir zu Hause in Ruhe nach,

welche Fische wir uns kaufen werden   beschließt Papa.

Zwischentest

Klasse vorbereitet?

1 Fülle die Lücken und setze die fehlenden Zeichen.

Sabrinas Mütze ist weg

Seit der roßen Pause ist Sabrinas Mütze weg Sie chreibt dazu den olgenden Bericht:

ir haben uns auf dem chulhof mit den ungen ein isschen gekabbelt Dabei habe ich Bastian egen Benny geschubst Der ist beinahe mgefallen und hat ir deshalb meine eue Mütze vom Kopf gerissen Dann hat Wiebke ie erwischt und ollte sie ir wie-dergeben Aber das ollte ich nicht Benny sollte die ütze nehmen und sie mir efälligst in die and geben Da hat Wiebke die Mütze allen lassen Und lötzlich klingelte es und lle stürmten zur

24 roßen Glastür Seitdem ist meine chöne eue Mütze weg.

2 Setze ein.

Verhalten als Fahrradfahrer

Sobald du dein F rrad sch bst, hast du am Z brastreifen Vorrang wie ein Fußg nger. Für den f renden F rradfa rer g lt das jedoch nicht. Deshalb ist es immer besser und s ch rer, abzusteigen, sodass der fl ßende Verk r warten muss. Auch für dich ist es ein Verg en, eine Einb nstraße oder den Radw g in der falschen R chtung zu benutzen. Das F ren auf G wegen ist ebenfalls verb ten.

Grunds tzlich ist immer der r chte Radweg zu bef ren. Ist nur ein einz ger Radweg vorhanden, darf er auch in der Gegenr chtung benutzt

34

werden, falls d   ses durch ein Verk   rszeichen freigegeben ist. Kinder bis zu acht J   ren m   ssen, Kinder bis zu z   n Jahren dürfen mit   rem Rad den G   weg benutzen. In Ausn   mefällen k   nnen sie auch auf der F   rbahn fahren.

3 **Setze alle fehlenden Zeichen und trage das oder dass ein.**

Der betrogene Teufel

In der Sächsischen Schweiz liegt im Liebethaler Grund eine schöne romantische alte Mühle Manche sagen .... es mit dieser Mühle nicht mit rechten Dingen zugehe Ein alter Förster hat die folgende Sage erzählt

→

Zwischentest

Vor vielen Jahren hatten hier ein Müller und eine Müllerin eine Mühle geerbt Weil sie aber schon sehr baufällig war taugte sie nur noch wenig zum Broterwerb Als in einer finsteren stürmischen und unheimlichen Gewitternacht beide sorgenvoll zusammensaßen sagte der Müller für sich hin Wer wird uns wohl das Geld borgen .... wir zum Erneuern und Bauen brauchen

Kaum hatte er's ausgesprochen da polterte der Teufel persönlich zur Tür herein und forderte die beiden Alten auf Schließt einen Pakt mit mir und ich baue euch eine neue Mühle und gebe euch Geld obendrein Und er legte ihnen einen Schein vor auf dem stand.

Wer beim Morgengrauen zuerst aus diesem Hause schaut soll dem Teufel gehören Da nahm die Müllerin das Papier .... vor ihr lag und unterschrieb's Der Müller tat's zitternd nach

Flugs entstand eine neue Mühle .... die beiden Alten Augen machten Aber bald kam das Morgengrauen .... der Teufel schon herbeisehnte Da holte die Müllerin ihren Esel und setzte ihm die Nachtmütze ihres Mannes auf so .... er aussah wie der Müller Dann schob sie seinen Kopf durchs Fenster und sofort fasste der Teufel das Tier und riss es mit sich in die Tiefe Erst in der Hölle merkte er .... er betrogen worden war Aber das half nichts mehr Und die Müllersleute hatten eine schöne Mühle und lebten darin gut bis an ihr Ende.

45

103 Gesamtpunktzahl

Lernplaner

Kontrolliere deine Ergebnisse mithilfe der Lösungen (Seite 114/115) und addiere die erreichten Punkte.

☐ 103 bis 82 Punkte: ☐ 81 bis 52 Punkte: ☐ 51 bis 0 Punkte:

Grammatik

Das lernst du hier:

- → Nomen und Pronomen, Verben und Adjektive, Präpostionen und Konjunktionen richtig verwenden
- → Satzglieder erkennen

Wörter und ihre Verwendung

REGEL

In unserer Sprache werden über dreihunderttausend Wörter verwendet. Sie sind in zehn **Wortarten** unterteilt. Die meisten davon kennst du wahrscheinlich schon. Hier kannst du dich mit den wichtigsten noch einmal beschäftigen:

Nomen (Namenwörter/Substantive): *Geburtstag, Hängematte, Mädchen*
Verben (Tunwörter/Zeitwörter): *legen, flüstern, lächeln, kippen*
Adjektive (Eigenschaftswörter/Wiewörter): *nagelneu, faul, lustig*
Artikel (Begleiter): *dem, des, die*
Personalpronomen (persönliche Fürwörter): *wir, sie*
Präpositionen (Verhältniswörter): *in, neben*
Konjunktionen (Bindewörter): *nachdem, weil, obwohl*

1 **Setze an der richtigen Stelle im Text „Die Hängematte“ die Wörter aus der Regel oben ein. Achte auf die richtige Form.**

Die Hängematte

Christina hatte zu ihrem .... eine

.... Hängematte bekommen. Diese haben sie

gleich ausprobiert, denn Marcel wollte unbedingt einmal darin schaukeln. .... die .... zwischen zwei

Bäumen im Garten befestigt war, ... sich Marcel hinein. Sofort stieg Benjamin hinterher, ... noch viel Platz darin war. Christina schaukelte die beiden Jungen so heftig, dass .... laut juchzten. Da .... die Mädchen .... Geburtstagskind etwas zu, und Christina .... geheimnisvoll. Ehe sich .... Faulpelze .... der Hängematte darauf einstellen konnten, packten alle .... zu und .... die beiden um. Marcel lag plötzlich in den Brennnesseln, während Benjamin .... die .... Äpfel .... Nachbarbaumes rollte. Alle fanden das ...., ... sich Benny noch lange die Waden kratzte. Seitdem will Benny an seinem eigenen Geburtstag Rache.

REGEL

- **Nomen**, **Verb** und **Adjektiv** sind die wichtigsten Wortarten. Sie können verschiedene Formen bilden (sie können **flektiert** werden). Dabei ist das Verb am vielfältigsten.
- Das Nomen hat oft **Begleiter**. Es kann durch Personalpronomen ersetzt werden. Nomen benennen Lebewesen, Dinge und Ungegenständliches/Abstraktes *(der Mensch – die Tafel – der Traum)*.
- Die allermeisten Nomen können im Singular und Plural (Einzahl und Mehrzahl) stehen.
- Sie können **dekliniert** (gebeugt) werden und stehen immer in einem der **vier Fälle**: *der Ball – des Balles – dem Ball – den Ball; die Blumen – der Blumen – den Blumen – die Blumen*

Nomen: Geschlecht, Zahl und Fälle

2 **Trage alle markierten Nomen mit Artikel in die richtige Spalte ein.**

Die neuen Inliner

In den Sommerferien bekam Florian seine neuen Inlineskates. Am Mittag wollte er sie gleich ausprobieren. Wegen seiner Unsicherheit fuhr er sofort gegen das Auto des Nachbarn. Am Wagen entstand keine Beule, aber an Florian.

In diesem Moment kam Sebastian vorbei und lachte Florian aus. Er holte seine eigenen Skates und wollte seinem Freund nun die besten Tricks zeigen. Also fuhren die beiden los. Sebastian war ein geschickter Fahrer. Er zeigte ihm, wie man über eine niedrige Mauer springt. Für dieses Kunststück bevorzugte er die kleine Mauer um den Garten der Familie Meyer. Diesmal aber gelang der Absprung nicht. Sebastian landete im Rosenbeet der Meyers, aber Gott sei Dank bekamen weder Meyers Hund, ihr unberechenbarer Sohn, noch der neugierige Papagei etwas davon mit.

Nomen für Lebewesen	Nomen für Dinge	Nomen für Abstraktes (= Nicht-Gegenständliches)

REGEL

Zu den meisten Nomen passt ein bestimmter oder unbestimmter Artikel (Begleiter).

- **Bestimmte Artikel** sind *der, die, das, dem, des, den.*
- **Unbestimmte Artikel** sind *einer, eine, ein, einem, einen, eines.*

3 **Setze die passenden Artikel (Begleiter) ein.**

Übermut tut selten gut

Heute Morgen kam Alexander schon ziemlich übermütig in .... Schule. Zuerst ärgerte er .... dicken Max. Dann machte er .... Ente nach. Darauf schubste er „aus Versehen“ Anna. Schließlich nervte Alexander .... ganze Klasse. Als er auch noch an .... Tafel stand und .... Symbol seines Lieblingsvereins zeichnete, hielt es Anna nicht mehr aus. Sie nahm .... Trinkflasche aus der Tasche und erzeugte damit auf Alexanders Stuhl .... kleine Pfütze. Als .... Klingel zur Stunde schellte und Frau Busch kam, musste er sich ganz schnell hinsetzen …

4 **Setze folgende Nomen mit Artikel in den Plural.**

Singular	Plural	Singular	Plural
der Stamm		der Sinn	
der Baum		die Unsicherheit	
der Wald		das Herz	
der Stuhl		die Atmosphäre	
das Bett		die Familie	

REGEL

Wenn du ein Nomen **deklinieren** sollst, dann bilde damit am besten einen Satz, z. B.: *Der Hund des Nachbarn macht dem Jungen Angst.*

Hilf dir anschließend mit folgenden Fragen:

1. Fall (Nominativ): *Wer* oder *was*?

2. Fall (Genitiv): *Wessen*?

3. Fall (Dativ): *Wem*?

4. Fall (Akkusativ): *Wen* oder *Was*?

Der Hund	**des Nachbarn**	macht	**dem Jungen**	**Angst.**
↑	↑		↑	↑
Wer? **1. Fall**	**Wessen?** **2. Fall**		**Wem?** **3. Fall**	**Was?** **4. Fall**

5 **Vervollständige die Tabelle.**

Fall	Lateinischer Begriff	Singular	Plural
1. Fall	Nominativ	der Hund	die Hunde
2. Fall	Genitiv	des Hundes	
3. Fall	Dativ	dem	
4. Fall	Akkusativ	den	

1. Fall	Nominativ	die Katze	die Katzen
2. Fall			
3. Fall			
4. Fall			

1. Fall	Nominativ	das Haus	die Häuser
2. Fall			
3. Fall			
4. Fall			

Verb: Allgemeines

6 Was man alles tun kann, was alles geschieht.
Suche Verben mit gegensätzlicher Bedeutung.

lachen	–	weinen	schlafen	–	………
liegen	–	………	brüllen	–	………
öffnen	–	………	verkleinern	–	………
geben	–	………	fragen	–	………
bringen	–	………	schieben	–	………
lieben	–	………	loben	–	………
reden	–	………	arbeiten	–	………
frieren	–	………	hinsehen	–	………
vergrößern	–	………	gönnen	–	………

7 Setze Verben (Tätigkeitswörter/Zeitwörter) ein.

Sturmfreie Bude

Andrés Eltern waren für einen Tag ver- reist. Deshalb sagte er in der letzten Stunde zu Andreas und mir: „Ko……… doch am Nachmittag zu mir. Ich h……… heute sturmfreie Bude!“ Wir verabr……… uns für vier Uhr. Bei André spie……… wir zuerst am Computer. Dann langw……… wir uns, und Andreas ha……… eine seiner grandiosen Ideen. André wu……… nicht eingew………. Wir schi……… ihn in den Keller. Er so……… eine Cola

TIPP

Verben können aus zwei Teilen bestehen. Das nennt man dann **Verbklammer**.

ho .... In der Zwischenzeit schli .... wir ins Badezimmer. Andreas dre .... den Schlüssel um . Dann na .... er die halb leere Flasche mit Badecreme und ö .... sie. Von allen Fläschchen und Tuben, die wir fan .... , füll .... wir jetzt etwas hinein. Da klo .... André an die Tür.

Seine Eltern wa .... gerade vor die Garage gefa ....

Schnell verschr .... wir unsere „Wunderflasche“ und ste .... sie unter den Pullover. Ich ho .... nur, dass Andreas sie nicht wieder im Springbrunnen auf dem Marktplatz ausl .... Er h .... so etwas nämlich schon angedeu ....

REGEL

Verben (Tunwörter/Zeitwörter) sagen aus, dass **etwas geschieht**.
Sie kommen in verschiedenen Formen vor.
Im Wörterbuch findest du sie immer im **Infinitiv** (Grundform), z. B. unter *arbeiten, spielen, malen …*
Die **Personalformen** (finite Formen) dazu sind z. B. *er arbeitet, du spielst, wir malen …*

8 Vervollständige die Tabellen.

Infinitiv: arbeiten		fahren
1. Person: ich arbeite		ich fahre
2. Person:	Singular	du
3. Person:		er, sie, es
1. Person:		wir
2. Person:	Plural	ihr
3. Person:		sie

REGEL

Die Verbformen können auch **unregelmäßig** sein.

Infinitiv: geben	sehen	nehmen
1. Person: ich gebe	ich sehe	
2. Person: du		du nimmst
3. Person: er, sie, es		
1. Person: wir		
2. Person: ihr		
3. Person: sie		

REGEL

Hilfsverben kannst du auch in die Personalformen setzen. Hilfsverben stehen nie alleine, sondern bilden mit einem Vollverb die unterschiedlichen Zeiten.

Infinitiv: sein	haben	werden
1. Person: ich	ich	ich
2. Person: du	du	du
3. Person: er, sie, es	er, sie, es	er, sie, es
1. Person: wir	wir	wir
2. Person: ihr	ihr	ihr
3. Person: sie	sie	sie

REGEL

Verben können **Vergangenes** (früher), **Gegenwärtiges** (jetzt) oder **Zukünftiges** (später) bezeichnen.

9 Setzte die in Klammern gesetzten Verben in der richtigen Zeitform ein.

Tyrannosaurus Rex

Der Tyrannosaurus Rex, den man auch Tyrannenechse .... (nennen), ... (sein) der größte lebende Dinosaurier. Er .... (wiegen) etwa sechs Tonnen und .... (messen) über fünf Meter in der Höhe. Den Schwanz .... (haben) dieser Dino wahrscheinlich als gefährliche Peitsche .... (brauchen). Der Kopf .... (tragen) in den Kiefern bis zu fünfzehn Zentimeter lange Zähne. Für seine Gegner .... (müssen) der Tyrannosaurus Rex ein furchtbarer Feind .... (sein). Vor ihm .... (haben) es keinen größeren Räuber .... (geben).

Viele Museen in Europa und der ganzen Welt .... (spezialisieren) sich auf Dinosaurierskelette. Täglich .... (betrachten) viele Besucher die nachgebauten, oft meterhohen Ausstellungsstücke der Urzeitriesen.

Ob man bei Ausgrabungen noch weitere Tyrannosaurus-Rex-Skelette .... (finden)?

10 **Ordne die Verben von Übung 9 in die richtigen Spalten.**

Vergangenes (früher): ....

....

Gegenwärtiges (jetzt): ....

....

Zukünftiges (später): ....

....

REGEL

Mit Verben können die einzelnen Zeitstufen noch genauer benannt werden. Es können sechs verschiedene Zeitformen gebildet werden. Sie heißen **Präsens** (Gegenwart), **Präteritum** (1. Vergangenheit), **Perfekt** (2. Vergangenheit), **Plusquamperfekt** (3. Vergangenheit), **Futur I** (1. Zukunft) und **Futur II** (2. Zukunft).

11 **Lies den Text durch und achte auf die markierten Verben.**

Vor 200 Millionen Jahren

In der Zeit des Jura, vor etwa 200 Millionen Jahren, lebte der Urvogel. Die Wissenschaftler haben ihn Archaeopterix genannt. Dieser Vorfahre unserer Vögel hatte als erster Dinosaurier den Boden verlassen. Aber er hat die Merkmale der Kriechtiere behalten. Es gibt eine Versteinerung des Urvogels. Sie stammt aus der Gegend von Solnhofen in Süddeutschland und zeigt deutlich die Merkmale sowohl eines Dinos als auch die eines Vogels. Man geht auch von einem Federkleid aus.

Vögel wird es wohl noch lange geben. Aber auch sie werden noch Veränderungen durchmachen. Einige Arten werden sich wahrscheinlich wieder zu reinen Erdbewohnern zurückgebildet haben. Vielleicht wirst du das noch erleben.

12 Trage die Verben und die zugehörigen Zeitformen ein.

Gegenwart Präsens	
Präteritum 1. Vergangenheit	
Perfekt 2. Vergangenheit	
Plusquamperfekt 3. Vergangenheit	
Futur I 1. Zukunft	
Futur II 2. Zukunft	

13 Ergänze die Tabelle.

Personalform	Zeitform	Zahl	Person
er lebte	Präteritum	Singular (Einzahl)	3. Person
es gibt			
es wird scheinen			
wir haben genannt		Plural (Mehrzahl)	
er hat verlassen			
sie werden zurückbilden			

14 Bilde zu den vorgegebenen Verben die erfragten Formen.

a)

1. Person Singular/Präsens	rufen	
2. Person Singular/Präteritum	holen	
3. Person Singular/Perfekt	kommen	
1. Person Plural/Perfekt	denken	
2. Person Plural/Futur I	wachsen	
3. Person Plural/Futur I	gehen	

2. Person Plural/Präteritum	sein	
2. Person Singular/Futur I	haben	
2. Person Singular/Präsens	halten	

REGEL

Verben nehmen sich bei der Bildung bestimmter Zeitformen ein weiteres Verb „zu Hilfe“. Diese nennt man deshalb **Hilfsverben**.

b)

Hilfsverb	Infinitiv des Hilfsverbs
ist	
wirst	
hatte	

15 Hier kannst du noch mal überprüfen, ob du schon ganz sicher bist. Ergänze die finiten Verbformen (Personalformen).

Verb im Infinitiv	Zeitform	Person	finite Verbform (Personalform)
nennen	Präsens	3. Person Singular	er, sie, es nennt
sein	Präteritum	2. Person Singular	
greifen	Perfekt	1. Person Plural	
fliehen	Präsens	3. Person Singular	
haben	Futur I	2. Person Singular	
haben	Futur I	2. Person Plural	
schreiben	Präteritum	2. Person Singular	
kommen	Perfekt	3. Person Plural	
halten	Präteritum	1. Person Singular	
siegen	Futur I	2. Person Plural	
werden	Präsens	3. Person Plural	
gehen	Präteritum	1. Person Singular	

Adjektiv: Zahl und Fälle

REGEL

Das **Adjektiv** (Eigenschaftswort/Wiewort) hilft **Eigenschaften von Nomen** zu bezeichnen. Es gleicht sich in Zahl, Fall und Geschlecht dem dazugehörigen Nomen an.

REGEL

Das zu einem Nomen (Substantiv/Hauptwort) **gehörende Adjektiv** wird genau wie dieses gebeugt. Es steht also immer im selben Fall und in derselben Zahl wie sein Nomen. Das gebeugte Adjektiv bestimmt dabei sein Nomen näher: *die kleine Anna, die große Anna, die liebe Anna, die blonde Anna …*

16 **Markiere alle zusammengehörenden Wortgruppen aus Artikel, Adjektiv und Nomen. Es sind mit der Überschrift acht.**

Beispiel: *Der richtige Fahrradhelm*

Der richtige Fahrradhelm

Den besten Schutz auf dem Fahrrad bietet nur ein guter Helm. Er schützt Stirn, Schläfen und Hinterkopf. Dabei lässt er dem Fahrer die notwendige Sicht und schränkt auch das Gehör nicht ein. Damit der Helm an die unterschiedlichen Kopfgrößen angepasst werden kann, gibt es die abnehmbaren Polster. Sie werden mit einem unverrutschbaren Klettverschluss befestigt. Auf diese Weise erhält man den optimalen Kopfschutz, der sogar „mitwachsen" kann.

17 **Beuge Adjektiv und Nomen.**

a) der gute Helm	← Sing., 1. Fall, Plur. →	die guten Helme
des …………	← Sing., 2. Fall, Plur. →	der …………
dem …………	← Sing., 3. Fall, Plur. →	den …………
den …………	← Sing., 4. Fall, Plur. →	die …………

b) die freie Straße ← Sing., 1. Fall, Plur. → die freien

der .... ← Sing., 2. Fall, Plur. → der ....

der .... ← Sing., 3. Fall, Plur. → den ....

die .... ← Sing., 4. Fall, Plur. → die ....

18 **Ergänze die fehlenden Deklinationsendungen (Beugungsendungen).**

An der Bushaltestelle

An der kleinen Bushaltestelle unserer Schule steht ein gläsern ___ Wartehäuschen. Aber das benutzen wir nur während stark ___ Regen ___ oder bei besonders heftig ___ Wind. Wenn der rot ___ Bus kommt, mit dem ich fahren muss, läuft alles los: die groß ___ Schülerinnen und Schüler genauso wie die klein ___ . Jeder will den best ___ Platz ergattern. Eigentlich sollen wir uns in ein ___ geordnet ___ Schlange aufstellen. Aber keiner hält sich daran. Wir haben ein ___ nett ___ , aber auch sehr streng ___ Busfahrerin. Wer kein ___ gestempelt ___ Fahrausweis oder kein identifizierbar ___ Foto darin hat, muss wieder aussteigen. Und ganz ohne Fahrkarte hat man nicht die gering ___ Chance. Es sei denn, man zahlt den voll ___ Preis in bar.

Adjektiv: Steigerung

REGEL

Viele Adjektive können gesteigert werden. Die meisten werden **regelmäßig gesteigert, wie** z. B. *schön*: *schön – schöner - am schönsten.*
Du musst beim **Komparativ** (1. Steigerungsstufe) an den Wortstamm die Endung „-er“ und beim **Superlativ** (2. Steigerungsstufe) die Endung „-(e)sten“ hinzufügen.

19 Übe die Steigerung mit den folgenden Adjektiven.

Positiv (Grundstufe)	Komparativ (1. Steigerungsform)	Superlativ (2. Steigerungsform)
kalt	kälter	am kältesten
warm		
flach		
lustig		
heiß		

20 Einige Adjektive werden unregelmäßig gesteigert. Ergänze die Tabelle.

Positiv (Grundstufe)	Komparativ (1. Steigerungsform)	Superlativ (2. Steigerungsform)
viel		
	höher	
		am besten
gern		
		am nächsten

21 **Nicht bei allen Adjektiven ist die Steigerung möglich oder sinnvoll. Schreibe diejenigen heraus, die steigerbar sind. Streiche die anderen durch.**

schnell · schriftlich · schwer · uralt · nackt · blind · heiß · tot · lang · viereckig · rosa · leer · mündlich · mild · steinreich · schwarz · stumm · tief · ruhig

Positiv (Grundstufe)	Komparativ (Steigerungsstufe)	Superlativ (Höchststufe)
schnell	schneller	am ....
....	....	am ....
....	....	am ....
....	....	am ....
....	....	am ....
....	....	am ....
....	....	am ....

22 **Streiche alle Adjektive durch, die nicht gesteigert werden.**

haushoch · glatt · blind · zahnlos · spiegelglatt · steinreich · arm · strohdumm · kinderlos · uralt · weit · sechseckig · schwer · spindeldürr · dick · klug · dumm · federleicht · nagelneu · nackt · ledig · bildhübsch · viel · wörtlich · nah · wunderschön · gut · lebendig

Pronomen: Personalpronomen

REGEL

Personalpronomen (persönliche Fürwörter) können **Nomen ersetzen**.
- Die Personalpronomen im 1. Fall heißen *ich, du, er, sie, es, wir, ihr, sie.*
- Sie stehen immer im selben Fall, im selben Geschlecht und in derselben Zahl wie das Wort, das sie ersetzen.
- Das Pronomen im Genitiv wird nur sehr selten gebraucht.
- In der Anrede benutzt man die Höflichkeitsform. Dabei werden die Anredepronomen *Sie, Ihnen, Ihr, Ihre ...* großgeschrieben.

23 **Setze die fehlenden Personalpronomen (persönliche Fürwörter) ein.**

Tanjas Schwarm

Wenn es klingelt, sollen ...wir... eigentlich alle auf dem Platz sitzen. Für Tanja, meine beste Freundin, und .... war das heute allerdings nicht möglich. Denn .... meinte, dass auf dem Flur gleich ihr Schwarm vorbeigehen würde und .... ein Zettelchen geben wollte. Also haben .... uns gesagt, das sei eine Ausnahme. Tanja ging an die Tür, öffnete .... einen Spalt und lugte hinaus. .... war ganz dicht hinter .... Dann kam ....! .... ging lieber ein Stückchen beiseite. – .... geht es ja nichts an, aber .... würde .... wohl nicht gefallen. – Dann kam Tanja mit dem Zettelchen. .... war ganz rot und lächelte .... zu.

Tanja setzte sich still hin. .... ging schnell noch einmal zur Tür, um .... zu schließen, damit der Klassenlärm nicht nach draußen drang. Aber .... blieb bloß noch die Zeit, Frau Schneck ganz höflich die Tür zu öffnen.

24 Ergänze die Tabelle mit den fehlenden Personalpronomen (persönlichen Fürwörtern).

Singular (Einzahl)	**Nominativ** (1. Fall)	**Genitiv** (2. Fall)	**Dativ** (3. Fall)	**Akkusativ** (4. Fall)
1. Person	ich	meiner	mir	mich
2. Person		deiner		
3. Pers., männl.	er	seiner		ihn
3. Pers., weibl.		ihrer		
3. Pers., sächl.	es	seiner		
Plural (Mehrzahl)	**Nominativ** (1. Fall)	**Genitiv** (2. Fall)	**Dativ** (3. Fall)	**Akkusativ** (4. Fall)
1. Person	wir	unser	uns	uns
2. Person		euer		
3. Person		ihrer		

25 Ersetze die in Klammern stehenden Wörter durch Personalpronomen.

Stillarbeit

Paul erzählt: Wenn unser Klassenlehrer mal krank ist und niemand .... (den Klassenlehrer) vertreten kann, gibt es Stillarbeit. Dazu kommt meist die Rektorin zu uns Kindern. .... (Die Rektorin) sagt .... (den Kindern) dann, was .... (die Kinder) in dieser Stunde tun sollen. Kaum ist .... (die Rektorin) aber wieder weg, geht es los! – Zuerst spielen .... (die Kinder) mit einem Ball, dann mit drei Tennisbällen gleichzeitig. Manuel wirft die Tennisbälle wahllos an die Wand. ....(Manuel) juchzt vor Freude. Wer dann einen Ball fängt, darf .... (den Tennisball) seine Initialen aufmalen.

Präpositionen

REGEL

Präpositionen (Verhältniswörter) helfen, im Satz Ordnung zu schaffen.
Sie drücken Unterschiede in Zeit, Ort sowie Art und Weise aus.
Auf Präpositionen folgt oft ein Nomen (Substantiv/Hauptwort). Das steht dann meist im Dativ (3. Fall) oder im Akkusativ (4. Fall).

26 Setze die passenden Präpositionen (Verhältniswörter) ein und ergänze.

~~bei~~ · ~~da~~ · zuwider · mit · durch · unter · während · hinter · entgegen · in · vor · gegen · in · über · in · darauf · auf · während · auf · neben · in

Chaos gibt es bei uns nicht

Bei uns .... der Klasse gibt es kein Durcheinander. Da sitzt keiner .... oder .... d........ Tisch. Es fliegen auch keine Papierkügelchen .... d........ Luft, und unsere Jungen wälzen sich auch nicht kämpfend .... d........ Boden.

So etwas wie .... d........ Luft schwebend........ Papierflugzeuge .... kurz........ Liebesgrüßen da........ kennen unsere Mädchen nicht.

Unvorstellbar, dass Tennisbälle .... d........ Fensterscheibe, a........ d........ Lehrertisch oder n........ die Tafel knallen.

W........ der klein........ Pausen bleibt immer alles sauber, und wir sind still. Keiner dreht .... d........ Schrank das Radio voll auf. Und ent........ anderen Behauptungen haben wir noch nie etwas von Kreideschlachten gehört. Bei uns handelt nämlich keiner der Schulordnung z......... Wenn .... unserer........ Klasse wirklich mal etwas Schlimmes passiert, so wie v........ drei Tag........, dann war es Alexander.

Der heckt nämlich w .... der Stunden stets etwas aus.

Und .... den Pausen .... machen alle mit. Aber Alexander trägt daran natürlich die alleinige Schuld!

27 **Unterstreiche in der folgenden Wortsammlung alle 13 Präpositionen.**

in · laufen · schön · unter · Welt · der · über · Hund · schlafen · Oliver · zwischen · essen · haarig · Teppich · klein · lieb · Monitor · Video · bei · nach · regnen · blau · Ampel · entgegen · wegen · biegen · abschreiben · tief · dem · sein · Grund · seit · Zucker · gegenüber · Bleistift · Schweinchen · außer · aus · weihnachtlich · schnell · Stundenplan · ohne

Konjunktionen

REGEL

Konjunktionen (Bindewörter) **verknüpfen** Wörter, Wortgruppen oder Sätze miteinander. Dabei können sie z. B. die Zeit andeuten, auf Gründe hinweisen, den Zweck ankündigen usw. – Konjunktionen gehören zu den vier **unveränderlichen** Wortarten.

28 **Stelle in den folgenden Sätzen die notwendige Verbindung her. Benutze dazu die Konjunktionen (Bindewörter) aus der Sammlung.**

damit · oder · obwohl · sowohl ... als auch · ehe · bis · entweder ... oder · und

Gestern im Sportunterricht mussten wir erst laufen .... springen, ... wir endlich Handball .... Fußball spielen durften.

Anna wollte nur eins spielen: .... Handball .... Fußball.

Ich dagegen habe .... das eine .... das andere gespielt.

………… sie wenig Lust hat, trainiert sie ………… zur Erschöpfung,

………… sie das Match am Sonntag nicht verliert.

29 **Unterstreiche die Konjunktionen (Bindewörter).**

Leckere Bärentatzen

Für diese Leckerei benötigst du Sahnequark und etwas Kakao sowie einige Löffel Zucker. Weiterhin brauchst du zarte Haferflocken und eine Prise Vanillezucker. Ganz wichtig ist gemahlene Gelatine, damit später alles fest wird.

Löse die Gelatine mit warmem Wasser auf, bevor du die anderen Zutaten zubereitest, sodass sie sich schon leicht eindickt. Nachdem das geschehen ist, gibst du alles Übrige dazu und verrührst es so, dass eine feste Creme entsteht.

Fülle dann die Creme in Muschelformen oder ähnliche kleine Gefäße. Sobald alles erkaltet ist, kippst du die „Bärentatzen“ auf ein Tablett. Bevor sie zum Essen gereicht werden, verziere sie noch mit Mandelsplittern oder ähnlichen „Krallen“. – Guten Appetit!

Sätze und Satzglieder

REGEL

Die Haupt-Satzarten sind Aussagesatz, Fragesatz und Aufforderungssatz (auch: Befehlssatz).

- Der **Aussagesatz** kommt am häufigsten vor. Mit ihm wird etwas erzählt, ausgesagt, mitgeteilt. Am Ende steht ein Punkt.
- Auf den **Fragesatz** erwartet man eine ausführliche Antwort oder auch nur eine knappe Entscheidung. Nach dem Fragesatz steht ein Fragezeichen.
- Der **Aufforderungssatz** (Befehlssatz) äußert eine Bitte, einen Wunsch, einen Befehl usw. Er endet mit einem Ausrufezeichen.

30 **Lies den Text in Ruhe durch und setze dabei alle fehlenden Satzschlusszeichen.**

Ein spannendes Buch

Viktor kommt aus Russland und ist in der 5. Klasse einer deutschen Schule

Weil er ein toller Fußballspieler ist, wird er sofort in die Klassengemeinschaft aufgenommen

Aber wie kommt es, dass Viktor plötzlich die ganze Klasse verprügelt

Sie haben sich über ihn lustig gemacht, denn er hat noch große Probleme mit der deutschen Sprache Das ist die einfache Erklärung

„Lasst uns eine Bande gründen “, fordert Andy die anderen auf

„Soll Viktor dazugehören “, fragt einer

„Auf jeden Fall “, rufen alle

Als Erkennungszeichen sollen alle Hosenträger tragen

Dann gibt es Probleme Viktors Schwester will auch in die Bande eintreten

„Soll die auch Hosenträger tragen “, fragen die anderen

Darf Viktors Schwester überhaupt Jungenabenteuer und Jungenstreiche mitmachen Man findet schließlich eine gute Lösung

Und am Ende begreifen alle, dass Freundschaft das Wichtigste ist

Satzglieder

REGEL

Ein **Satz besteht aus einzelnen Satzgliedern**. In einfachen Sätzen sind das **Subjekt** (Satzgegenstand) und **Prädikat** (Satzaussage). Meistens kommen dann noch ein oder mehrere **Objekte** dazu (Satzergänzungen). Satzglieder kannst du durch die Umstellprobe herausfinden.

Ronja Räubertochter	**bewohnt**	**mit den Räubern**	**die Mattisburg.**
Die Mattisburg	**bewohnt**	**Ronja Räubertochter**	**mit den Räubern.**
Mit den Räubern	**bewohnt**	**Ronja Räubertochter**	**die Mattisburg.**
Bewohnt	**Ronja Räubertochter**	**mit den Räubern**	**die Mattisburg?**

REGEL

Alle Wörter **eines Satzgliedes** bleiben zusammen, egal, wie du den Satz umstellst.

31 Kreise in folgendem Satz alle Satzglieder ein.

Ronja Räubertochter kommt in einer Gewitternacht auf die Welt.

32 Stelle nun diesen Satz mindestens dreimal um und kreise alle Satzglieder ein.

....

....

....

....

....

Das Prädikat (Satzaussage)

REGEL

Das **Prädikat** (Satzaussage) ist das Satzglied, das aussagt, **was in einem Satz geschieht:**

- Das Prädikat ist immer ein **Verb** (Tunwort).
- Das Prädikat erfragt man mit „Was geschieht?“
- Das Prädikat kann aus einem oder mehreren Wörtern bestehen:
  - → Prädikat bestehend aus einem Verb: *Ich höre Musik.*
  - → geteiltes Prädikat: *Ich teile Zeitungen aus.* → *austeilen*
  - → Prädikat aus Hilfsverb und Vollverb: *Ich kann Geschichten erzählen.* → *kann erzählen, das Haus wurde 1980 erbaut*

33 **Unterstreiche alle Prädikate (Satzaussagen).**

Das Hochrad

Vor ca. 120 Jahren fuhren die Menschen auf einem Hochrad. Es bestand aus einem sehr großen Vorderrad und einem kleinen Hinterrad, das als Stütze diente. Der Fahrer saß auf dem Vorderrad so hoch wie ein Reiter. Darum nannte man dieses Rad auch Stahlross. Die Reifen bestanden aus Vollgummi. Frauen fuhren dieses Fahrrad nicht gerne. Der lange Rock geriet oft in die Speichen.

34 **Unterstreiche alle Prädikate (Satzaussagen). Sie können auch aus zwei Teilen bestehen.**

Der Drahtesel

Das heutige Fahrrad wurde vor etwa 100 Jahren erbaut. Es hatte in etwa die Höhe eines Esels. Deshalb wurde dieses Fahrrad auch Drahtesel genannt. Die Pedale waren durch eine Kette mit dem Hinterrad verbunden. Die Umdrehungen des Pedals trieben dieses somit an. Das Fahrrad damals sah in etwa so aus wie unser Fahrrad heute. Der Fahrradrahmen, die Felgen und Speichen bestanden aus hochwertigem Stahl. Das heutige Fahrrad bietet gegenüber dem Hochrad mehr Komfort: Fällt man herunter, tut man sich nicht so weh.

35 **Lies den Text durch. Beantworte dann folgende Fragen und trage die Antworten ein.**

Kopfschutz für Skateboarder

Einen wirklich guten Schutz für Skateboard-Fahrer bietet nur ein spezieller Sturzhelm. Er soll besonders gut sitzen und den Kopf rundherum sichern. Natürlich muss er dabei den Augen freie Sicht lassen, damit man alle anderen Verkehrsteilnehmer sieht. Und die Ohren müssen genügend frei bleiben. Der Helm sollte gut an den Kopf angepasst werden können. Deshalb ist schon das Anprobieren im Geschäft besonders wichtig. Dazu haben gute Modelle besondere, nämlich abnehmbare Polster. Damit kann der Helm optimal eingestellt werden und mit dem Träger „mitwachsen“.
Wenn du keinen Skater-Helm hast, versuch es erst mal mit einem Fahrradhelm.

WER oder WAS bietet guten Schutz? ein St ....

WER oder WAS muss genügend frei bleiben? die ....

WER oder WAS ist schon besonders wichtig? das ....

WER oder WAS sollte „mitwachsen“? der ....

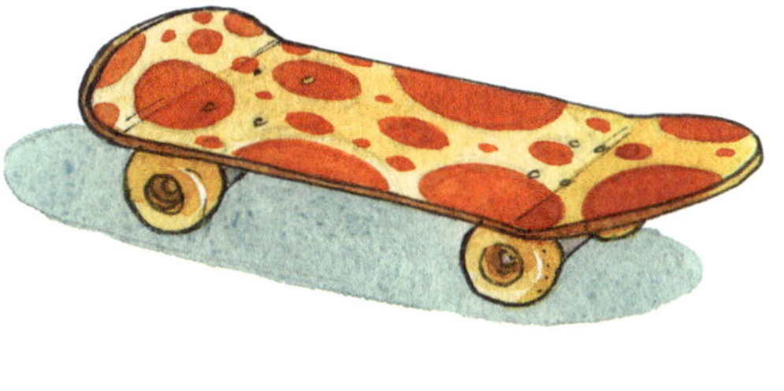

Das Subjekt (Satzgegenstand)

REGEL

Das **Subjekt** (Satzgegenstand) bestimmst du auf die Frage **wer** oder **was** tut etwas?

- Es steht **immer** im Nominativ.
- Das Subjekt besteht meistens aus einem oder mehreren Nomen.
- Auch Pronomen (Fürwörter) sind häufig das Subjekt eines Satzes.

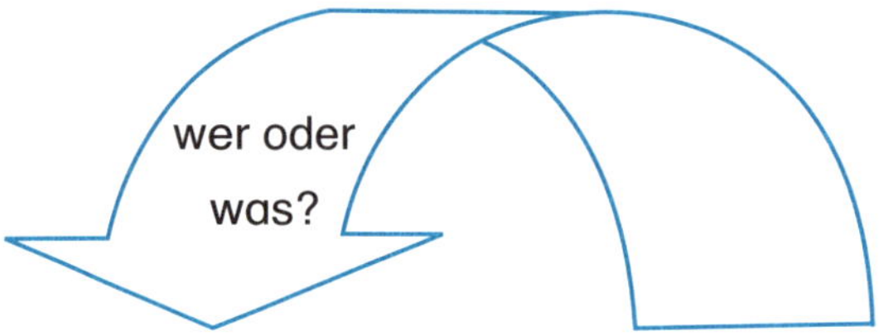

Jonas und Paul	gehen	in den Zoo.
Sie	sehen	viele lustige Affen.

Beispiel: *Wer oder was geht in den Zoo? Jonas und Paul gehen in den Zoo. Wer oder was sieht viele lustige Affen? Sie sehen viele lustige Affen.*

36 Frage wie in den Beispielen oben nach dem Subjekt (Satzgegenstand).

a) Am Sonntag gehen wir oft in den Zoo. ....

b) Unser Papa kauft die Karten an der Kasse. ....

c) Der Affenbaum gefällt uns am besten. ....

....

....

d) Dort turnen Paviane, Schimpansen und andere Affenarten. ....

....

....

37 **Unterstreiche alle Subjekte.**

Im Zoo

Die größten Futterstückchen behält sich immer das Schimpansenmännchen. Die Jungen und die Weibchen warten gehorsam. Oft bleiben auch für sie eine Banane oder Nüsse übrig. Wir gehen dann weiter zum Raubtiergehege. Das große Tigermännchen liegt faul am Boden und schläft. Etwas unruhig läuft die Löwenmutter auf und ab. Sie bewacht ihr Junges. Am Ende dürfen wir Kinder noch auf den großen Spielplatz. Die große Abenteuerrutsche ist schon voll. Deshalb gehen Paul und ich zur Piratenschaukel. Hei, macht das Spaß! Vater mahnt uns dann zum Aufbruch. Ich freue mich schon auf den nächsten Sonntag im Zoo.

Das Objekt (Satzergänzung)

REGEL

Die meisten Sätze haben neben **Subjekt** und **Prädikat** auch ein **Objekt**. Das Objekt ergänzt den Satz um weitere Informationen, es heißt deshalb im Deutschen auch „Satzergänzung". Das Objekt besteht meistens aus einem oder mehreren Nomen oder aus einem Pronomen.

Es gibt verschiedene Objekte:

- das Genitivobjekt auf die Frage „wessen?"
- das Dativobjekt auf die Frage „wem?"
- das Akkusativobjekt auf die Frage „wen oder was?"

Das **Genitivobjekt** findest du auf die Frage „wessen". Es ist in der deutschen Sprache selten und kommt z. B. nach einer Gruppe von Verben wie *sich vergewissern, anklagen, verdächtigen, beschuldigen, bezichtigen, überführen, entbinden, sich schämen …*

Beispiel: *Die Kassiererin vergewissert sich der Richtigkeit ihrer Rechnung: Wessen vergewissert sich die Verkäuferin? Die Verkäuferin vergewissert sich der Richtigkeit ihrer Rechnung.*

38 Unterstreiche das Genitivobjekt.

Die Mutter entbindet den Arzt seiner Schweigepflicht.
Die Polizei verdächtigt den Mann des Betruges.
Der Lehrer beschuldigt Paul des Abschreibens.
Der Staatsanwalt klagt den Mörder des Verbrechens an.
Der Detektiv überführt den Jungen des Diebstahls.
Marion schämte sich ihrer Tränen nicht.

REGEL

Das **Dativobjekt** findest du auf die Frage „wem".

Beispiel: *Meine Mutter gibt unserem Hund eine Wurst zum Fressen. Wem gibt meine Mutter eine Wurst zum Fressen? Meine Mutter gibt unserem Hund eine Wurst zum Fressen.*

39 Unterstreiche alle Dativobjekte.

Oma im Krankenhaus

Unserer Oma schmerzt schon seit mehreren Wochen das Bein. Der Hausarzt riet ihr deshalb, sich im Krankenhaus genauer untersuchen zu lassen. Mein Opa brachte sie am Morgen in die Klinik, und der Pfleger zeigte den beiden das Krankenzimmer. Oma bezog ihr Zimmer und näherte sich vorsichtig der Zimmernachbarin, die mit gebrochenem Bein dalag. Freundlich gab Oma ihr die Hand und begrüßte sie. Später verabreichte der Arzt Oma eine Schmerzspritze. Nachmittags kamen Mama, Paul und ich zu Besuch und schenkten ihr Zeitschriften gegen die Langeweile. Oma versprach uns Kindern, bald wieder gesund zu werden. Dann kann sie meinem Bruder und mir wieder interessante Geschichten vorlesen.

REGEL

Das **Akkusativobjekt** findest du auf die Frage „wen oder was".
Es besteht wie alle anderen Objekte meistens aus einem oder mehreren Nomen oder Pronomen. Das Akkusativobjekt ist das am häufigsten vorkommende Objekt.

Beispiel: *Vor unserem Haus sahen wir gestern einen Umzugswagen. Wen oder was sahen wir gestern? Wir sahen gestern einen Umzugswagen.*

40 Unterstreiche in folgendem Text alle Akkusativobjekte.

Die neuen Mieter

Neugierig standen meine Schwester und ich am Fenster unserer Wohnung, denn wir sahen einen großen Umzugswagen vor unserer Eingangstür. Zwei Möbelpacker bewegten schon bald die hintere Rampe nach unten. Eine junge Frau gab den Männern genaue Anweisungen. Schon begannen diese, die Möbel auszuladen. Zwei Mädchen in unserem Alter sprangen aufgeregt die Treppe hinunter und stellten ihrer Mama unzählige Fragen. „Kennst du diese Mädchen?“, fragte meine kleine Schwester. „Nein, die Frau und diese zwei Mädchen beziehen sicher die leere Wohnung unten im ersten Stock“, antwortete ich. Nach einer Stunde hatten die Möbelpacker ihre Arbeit beendet. Sie bestiegen ihren Lastwagen und fuhren davon. Mama lud gleich die beiden Mädchen zu uns zum Spielen ein. Die junge Frau schenkte uns zum Dank Mandarinen und eine Tafel Schokolade.

41 In den folgenden Sätzen findest du jeweils ein Dativ- und ein Akkusativobjekt. Unterstreiche das Dativobjekt rot und das Akkusativobjekt blau.

Mama schreibt ihrer besten Freundin zu Weihnachten eine Karte.
In der Parkstraße stahl der Dieb dem Mädchen den Geldbeutel.
Onkel Werner gab seiner Nichte ein großes Stück Kuchen.
Zum Geburtstag schenkte mir meine Oma einen neuen MP3-Player.
Zur Belohnung zeigte uns Papa sein neu gekauftes Auto.
Der Bürgermeister überreichte dem Lebensretter eine goldenen Medaille.

42 **Wenn du dich noch intensiver mit Dativ- und Akkusativobjekten beschäftigen möchtest, dann unterstreiche auch im folgenden Text das Dativobjekt rot und das Akkusativobjekt blau.**

Ein provisorisches Aquarium

Wenn du mal für kurze Zeit einige Wassertiere und Wasserpflanzen beobachten willst, kannst du dazu ein einfaches Aquarium einrichten. Nottalls lässt du dir ein großes Einweckglas dafür schenken.

Fülle etwas sauberen Sand ein. Dem Sand kannst du auch einige Steine beifügen. Vergiss nicht, Wasserpflanzen einzusetzen. Du bekommst sie billig im Zoofachgeschäft. Der Händler gibt jedem interessierten Kind auch gerne wichtige Ratschläge.

Kauf auch gleich eine Schnecke. Diese gibt der Pflanze ihre verdaute Nahrung. Die von der Wasserpflanze ausgeschiedenen Sauerstoffbläschen dienen wiederum der Schnecke zum Atmen. Ihre Blätter sind gleichzeitig das Schneckenfutter.

Dem Aquarium sollte man einen hellen Platz geben. Meide aber die Sonne. Ein Teller obendrauf dient dem Schutz von außen.

Wenn du deinen künftigen „Gästen" alles gut eingerichtet hast, kannst du dir einige Tierchen fangen. Dann erlebst du z. B. Mückenlarven, Kaulquappen und Wasserspinnen hautnah.

Vergiss nicht, sie nach etwa zwei Tagen in die Natur zurückzubringen.

Adverbiale der Zeit und des Ortes

REGEL

In erweiterten Sätzen findet man oft auch **Umstandsbestimmungen** (**Adverbiale**). Sie machen **zusätzliche Angaben zum Geschehen eines Satzes.** Es gibt mehrere Adverbiale, am häufigsten kommen **Umstandsbestimmungen des Ortes** (Adverbiale des Ortes) und **Umstandsbestimmungen der Zeit** (Adverbiale der Zeit) vor. Ein Adverbial kann aus einem oder mehreren Wörtern bestehen.

- Das **Adverbial des Ortes** findest du auf die Frage *wo, woher* und *wohin?*
- Das **Adverbial der Zeit** findest du auf die Fragen *wann, wie lange, seit wann?*

43 **Setze passende Adverbiale des Ortes oder der Zeit ein. Wähle aus.**

zum Verkehrsübungsplatz · nach einiger Zeit · nach wenigen Minuten · dort · letzten Sommer · zurück zur Schule · von der anderen Fahrbahn · zur Garage · an der Baustelle · am Ende der Fahrstunde · jeden Freitag

Der Fahrradführerschein

.... machte unsere Klasse den Fahrradführerschein. .... holte uns der Bus ab und fuhr uns .... Freundlich begrüßte uns .... der Verkehrspolizist und erklärte uns die neuen Verkehrsregeln. .... gingen wir gemeinsam .... und holten unsere Fahrräder. Besonders aufpassen mussten wir dieses Mal .... schaltete der Polizist die Ampel ein. Jetzt mussten wir sehr vorsichtig fahren, weil ....

.... Gegenverkehr kam. ....

.... lobte uns der Polizist, weil wir so gut aufgepasst hatten.

Dann brachte uns der Bus wieder ....

44 **Der kleine Tim hat es versäumt, sich seine Geburtstagseinladung genau auszudenken. Schreibe die Einladung so in dein Heft, dass sein Freund Tom sich auskennt. Ergänze die fehlenden Adverbialen.**

Lieber Tom,
ich habe am Sonntag Geburtstag und möchte zum Kegeln gehen. Kommst du? Deine Mama soll dich bringen. Nach dem Kegeln gehen wir noch zum Pizzaessen. Da soll dich deine Mama dann abholen. Kommst du?
Dein Tim

45 **Unterstreiche die Adverbiale des Ortes grün und die Adverbiale der Zeit rot.**

Luft gibt es überall auf der Erde. Wir brauchen sie unser ganzes Leben lang. Manchmal weht sie von der See her, manchmal wieder von den Bergen. Im 17. Jahrhundert entdeckte man, dass die Luft außer Sauerstoff auch noch andere Bestandteile enthält. Den größten Anteil, nämlich 78 Prozent, bildet der Stickstoff. Luft ist immer lebensnotwendig. Gibt es auf der Erde keine Luft, so stirbt hier alles ab. Viele Menschen haben im Winter Probleme beim Atmen. Vor allem Kinder leiden in der kalten Jahreszeit unter Husten und Schnupfen. Meistens hilft Medizin vom Kinderarzt. Nur selten entwickelt sich aus der Erkältung eine Lungenentzündung. Diese muss dann oft im Krankenhaus behandelt werden.

Klasse vorbereitet?

1 Ordne die Wörter nach Wortarten.

das, Ausland, an, älter, atmen, ich

Verb, ein, über, hart, unser, mag

ihm, ersetzte, Artikeln, ersetzbar, nach, eine

starteten, der, dir, rotem, Gleises, durch

mein, des, folgst, vollem, Karpfen, entlang

zwischen, gingen, ihr, eines, frei, Start

Nomen	Verben	Adjektive
Ausland	atmen	älter

Pronomen	Artikel	Präpositionen
ich	das	an

30

2 Bilde die Formen.

1. Person Singular, Präsens von *rufen* ich rufe

a) 2. Person Singular, Präteritum von *holen* du ……

b) 3. Person Singular, Perfekt von *kommen* sie ……

c) 1. Person Plural, Plusquamperfekt von *denken* wir ……

d) 2. Person Plural, Futur I von *wachsen* ihr ……

e) 3. Person Plural, Futur II von *gehen* sie ……

5

Zwischentest

3 Unterstreiche in folgenden Sätzen immer das in der Klammer angegebene Satzglied.

Meine kleine Schwester spielt im Garten mit ihrem Ball. (Prädikat)

Rainer wischt mit einem Schwamm die Tafel ab. (Prädikat)

Morgen werden wir mit Familie Huber ins Schwimmbad gehen. (Prädikat)

Freudig sprangen die jungen Hunde im Garten herum. (Subjekt)

An Weihnachten freue ich mich immer auf den Christbaum. (Subjekt)

Diesen Sommer fahren Oma und Opa mit uns zusammen in den Urlaub. (Subjekt)

Der starke Wind wehte die letzten Blätter von den Bäumen. (Akkusativobjekt)

Mama erfreute mich mit ihrem Geburtstagsgeschenk. (Akkusativobjekt)

Im Kaufhaus begegnete ich zufällig meiner besten Freundin. (Dativobjekt)

Papa zeigt ihm sofort das neue Rennrad. (Dativobjekt)

Der Staatsanwalt verdächtigte den Mann des Diebstahls. (Genitivobjekt)

Wir sollten dieses Frühjahr unsere Gartenmöbel frisch streichen. (Adverbial der Zeit)

Sofort alarmierte die umsichtige Dame den Rettungswagen. (Adverbial der Zeit)

Unsere neuen Meerschweinchen fühlen sich in ihrem Stall sehr wohl. (Adverbial des Ortes)

Lege bitte das Buch nicht wieder dorthin. (Adverbial des Ortes) 16

Gesamtpunktzahl: 51

Kontrolliere deine Ergebnisse mithilfe der Lösungen (Seite 124) und addiere die erreichten Punkte.

☐ 51 bis 41 Punkte: ☺ ☐ 40 bis 26 Punkte: 😐 ☐ 25 bis 0 Punkte: ☹

Lern planer

Die Erzählung

Das lernst du hier:

→ Was ist Erzählen?

→ Der Aufbau einer Erzählung

→ So wird deine Erzählung besser

Was ist Erzählen?

REGEL

- Erlebtes lässt sich eindrucksvoll wiedergeben. Am besten, wenn es einen besonders bewegt hat und spannend war. Heute erzählt man meist mündlich. Dann gibt es einen oder mehrere direkte Partner (Zuhörer), die bei Bedarf nachfragen können. Erzählungen werden aber auch aufgeschrieben, gedruckt, verfilmt usw. In der Schule erzählen wir schriftlich im **Aufsatz**.
- Bei der **Erlebniserzählung** ist es vor allem wichtig, wie man erzählt. Schon die **Überschrift** und der **Anfang** müssen interessant sein. Der **Hauptteil** führt dann steigernd zum **Höhepunkt** der Geschichte hin. Im letzten Teil, dem **Schluss**, kommt es zu einer Auflösung der Geschichte, zu einer Erklärung bzw. zur allgemeinen Abrundung.
- Normalerweise ist das **Präteritum** (Vergangenheitsform) die gebräuchliche Hauptzeitform, weil man ja von Vergangenem erzählt. Etwas Unerwartetes, Spannendes kann man dazwischen im Präsens (Gegenwartsform) darstellen. Dabei wird auch oft die wörtliche Rede verwendet.
- Man kann von eigenen oder fremden Erlebnissen erzählen. Aber auch Ausgedachtes (**Fantasieerzählung**) und Nacherzähltes können fesselnd sein. In der Schule nutzt man daneben auch Bilder (**Bildergeschichten**) und Reizwörter (**Reizwortgeschichte**).
- Der Erzähler muss sich jedes Mal für die Ich-Form oder die Er-/Sie-Form entscheiden.

Die Überschrift einer Erzählung

REGEL

Die Formulierung der **Überschrift** ist sehr wichtig. Sie soll Interesse wecken und zum Lesen anregen.
Wenn die Lehrerin/der Lehrer eine fertige Überschrift vorgibt, dann ist das Teil der Aufgabenstellung und gleichzeitig eine Hilfe, denn diese gibt eine Richtung vor und enthält eine Anregung.

1 Andreas erzählt von den großen Ferien. Er hat mit seinem Freund Markus gezeltet und eine gefährliche Nacht erlebt. Unterstreiche eine oder zwei Überschriften, die dir dazu gefallen könnten.

(1) Eine Nacht im Zelt
(2) In den großen Ferien
(3) Angst im Zelt
(4) Mein Freund Markus und ich
(5) Die Gewitternacht auf der Wiese

TIPP

Profis überprüfen die Überschrift noch einmal, wenn der Aufsatz fertig ist. Manchmal lässt sie sich noch verbessern.

Die Einleitung (Erzählanfang)

REGEL

- Nachdem mit der Überschrift die Neugier geweckt ist, wird mit der **Einleitung** (dem Erzählanfang) **zum Thema hingeführt.**
  Man erfährt dabei z. B. etwas über die Personen, den Ort und die Zeit.
- Es darf aber nichts verraten werden, was die Spannung zerstören könnte.
- Die Einleitung (Erzählanfang) liefert wichtige Informationen, die für das Verstehen des nachfolgenden Hauptteils notwendig sind. Hilfsfragen: **wer? – wann? wie lange? – wo? woher? wohin? – warum?**
- Die Einleitung sollte **nicht zu lang** sein. Mit einem Fünftel der gesamten Geschichte kann man auskommen.

2 **Vergleiche die beiden Einleitungen (Erzählanfänge). Ergänze dann.**

Angst im Zelt

Einleitung A:

Markus und ich sind Pfadfinder. In den großen Ferien wollten wir einmal ausprobieren, was wir schon alles beim Zelten gelernt hatten. Von einem bekannten Bauern bekamen wir die Erlaubnis, seine Waldwiese zu benutzen. Bald war alles aufgebaut und eingerichtet. Auch die mitgebrachte Lampe funktionierte, und wir ahnten noch nichts Schlimmes.

Einleitung B:

Ich habe einmal mit meinem Freund gezeltet. Das war im Sommer. Unser Zelt bauten wir im Grünen auf. Für alles war gut vorgesorgt: Luftmatratzen, Decken, Radio, CD-Player, Handy, Lampe und Essen. Auch der Wetterbericht störte uns nicht, obwohl ein Gewitter angesagt war. Wir sind ja Pfadfinder.

In Einleitung B erfährt man nichts Näheres über die P ....

(= Andreas und Markus) , den O .... (= Waldwiese) und die

Z .... (= große Ferien, nachts). Außerdem verrät sie schon, dass

nachts ein G ....

....

3 Einleitung C ist eine weitere Möglichkeit, zum Hauptteil der Erzählung hinzuführen. Was gelingt hier besonders gut?

Einleitung C

Da hatte es uns kalt erwischt! Ich glaube, jeder andere hätte sich genauso gefürchtet wie wir. Markus und ich sind nämlich Pfadfinder. Und wir wollten in den großen Ferien einmal anwenden, was wir schon alles gelernt hatten. Das ausgerechnet allein auf einer Waldwiese.

Es fängt sofort ....

....

....

....

4 Lies dir die Überschriften in Ruhe durch. Zu welcher fällt dir gleich etwas ein? Wähle eine aus und schreibe eine Einleitung dazu. (Später dann die ganze Geschichte.)

Beinahe schiefgegangen!
Die entscheidende Mathe-Arbeit
Das war ein Volltreffer!
Auch noch das!
Ein Streich in der Stunde
Noch einmal Glück gehabt
Daran mag ich nicht zurückdenken
Letzter Tag auf Klassenfahrt
In der alten Fabrik
Eine Mutprobe
Nachtruhe?
Pech mit dem Fahrrad
Eine unangenehme Überraschung

Der Hauptteil

REGEL

- Auf die Einleitung folgt der **Hauptteil**. Das ist ein neuer Abschnitt (Absatz). Beginne ihn deshalb mit einer neuen Zeile oder lass sogar eine ganze Zeile frei.
- Im Hauptteil wird der Leser allmählich zum **Höhepunkt der Geschichte** geführt. Das ist der spannendste (oder lustigste oder überraschendste) Teil. Danach wird der Leser kaum noch zu fesseln sein, das Wichtigste ist ja gesagt.
- Deshalb folgt darauf der **Schluss**, der die Geschichte abrundet.

5 **Versuche, dir für die Erzählung „Angst im Zelt“ Stichworte zu notieren. Sie können sich an dieser Treppe mit „Spannungskurve“ orientieren. Schreibe dann einen Aufsatz in dein Übungsheft.**

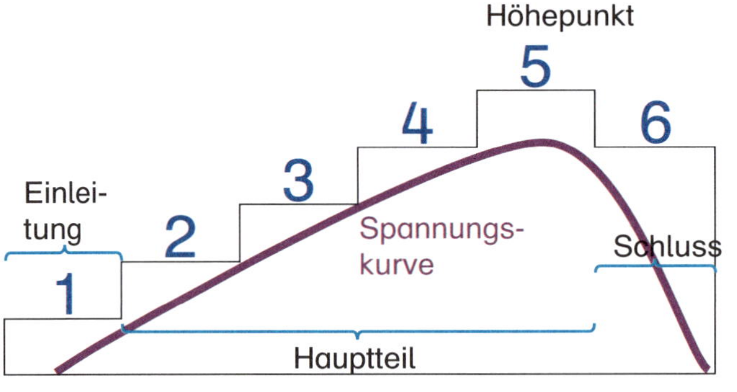

Einleitung: 1. ....

Hauptteil: 2. ....

3. ....

4. ....

5. ....

Schluss: 6. ....

Der Schluss

REGEL

Der Schluss soll nicht zu lang sein, aber auch nicht zu kurz. Auf keinen Fall darf er eine „neue Geschichte“ erzählen. Er rundet ab: Die Erzählung ist wirklich zu Ende.

6 Streiche im folgenden Schluss weg, was nicht dazugehört.

Überschrift: **Angst im Zelt**

Einleitung: Markus und ich (…)

Hauptteil: Plötzlich wachten wir auf … Ich konnte die Taschenlampe nicht finden … Da krachte es fürchterlich … Dann riss es an der Zelttür … Vater stand davor!

Schluss: So schnell wie wir haben Pfadfinder selten ihre Behausung verlassen. Wir sind schon drei Jahre Pfadfinder. Ich weiß noch, wie alles anfing.

Eigentlich wollte Markus gar kein Pfadfinder werden. Wir rannten zum Weg, wo Vaters Auto stand. Es ist ein grüner VW. Vater sicherte noch kurz das Zelt und kam dann eilig zurück. Alle waren klatschnass. Und erst jetzt konnten wir wieder sprechen. Zuerst brachten wir Markus nach Hause. Mama machte mir dann noch einen heißen Tee. Und endlich konnte ich in mein sicheres Bett kriechen. Nachts träumte ich von einem Ufo. Damit flogen Markus und ich auf den Mars. Dort trafen wir lauter grüne Männchen und schlossen Freundschaft mit ihnen. Die hält bis heute.

7 **Sieh dir die Seiten 80 bis 83 noch einmal an und schreibe danach eine Erlebniserzählung zu der Überschrift „Angst im Zelt“.**

REGEL

- Wenn du von einem **eigenen Erlebnis** erzählst, wählst du wahrscheinlich die **Ich-Form.** (Da hörte **ich** ein Knacken. Keiner glaubte **mir**. Dann entdeckten sie **mich**.)
- Wenn du von **fremden Erlebnissen** erzählst, verwendest du die **Er-Form** bzw. die **Sie-Form** oder die **Es-Form**.
- Erzähle immer nur von **einem** Erlebnis. Dann verzettelst du dich nicht, und es wird spannender.

8 **Schreibe deine Erlebniserzählung von der Ich-Form in die Er-Form um (oder umgekehrt). Du kannst das auch mit dem Lösungsaufsatz von Seite 122 probieren.**

TIPP

Nichts geht über das Lesen – kein Film, kein Video, kein Hörbuch … Also lies mal wieder. Du bildest dir tolle eigene Vorstellungen, erfährst etwas über die Abenteuer und das Leben anderer. Du erkennst, wie man atemberaubend erzählen kann.

So wird deine Erzählung noch besser

REGEL

Deine Erzählung wird besser, indem du:
- geeignete Überleitungen verwendest *(zuletzt, während, gleich darauf …)*,
- genaue Zeitangaben verwendest *(morgens, nach wenigen Minuten, in diesem Moment …)*,
- Wiederholungen vermeidest
- und wörtliche Rede verwendest.

9 So wird alles besser: Überarbeite den Text noch einmal. Ergänze diese Zeitangaben, falls dir weitere einfallen. Überprüfe dann eine deiner Erlebniserzählungen, ob du sie mithilfe dieser Ausdrücke genauer oder auch spannender machen kannst.

plötzlich, jetzt, auf einmal, zuerst, bevor, soeben, gerade	gleich darauf, danach, nachdem, kurz davor, heute, manchmal	bald darauf, sofort, nach wenigen Minuten
zum Schluss, zuletzt, gestern, nachdem, nach dem …, seitdem, seither, immer		endlich, kürzlich, neulich, morgen, derzeit, vorhin, ununterbrochen
hinterher, nach langem …, bislang, immer wieder, ab und zu, gleichzeitig	früher, damals, morgens, vormittags, mittags, nachmittags, abends, nachts, am Morgen	während, in diesem Moment, in diesem Augenblick, unterdessen, zwischendurch

10 Wiederholungen sind langweilig. Überprüfe, ob du in deiner Erzählung Wiederholungen vermeiden kannst. Benutze die Tabelle.

TIPP

Besser: Lege selbst eine Tabelle an. Das solltest du auch bei jedem Klassenaufsatz auf einem Zettel tun.

Wort	Alternativen
der Mann	er, ihm, Herr …, sein Vater, Erwachsener, mein Opa …
die Frau	sie, ihr, Frau …, Erwachsene, Annas Oma, die alte Dame …
sagen	meinen, fragen, schreien, flüstern, brummen, sprechen, sich äußern …
Angst haben	Furcht haben, in Panik geraten, voller Entsetzen, fürchten, bange sein, mutlos …
Gewitter	Unwetter, Donner und Blitz, Gewitterregen, Wetterleuchten, fernes Grollen …
Regen	Niederschlag, dicke Tropfen, nieseln, Guss, gießen, schütten, sprühen, tröpfeln
schlafen	ruhen, pennen, Nickerchen machen, dösen, schnarchen, schlummern, im Bett liegen …
erleichtert	froh, heilfroh, dankbar für, keine Angst mehr, in Sicherheit, aufatmen …

TIPP

Denke daran, dass der **Einsatz der wörtlichen Rede** deinen Aufsatz spannender und anschaulicher macht.
Die wörtliche Rede kann in diesen drei Formen vorkommen:

- **vorangestellter Redebegleitsatz:** Anna sagte: „Ich habe den Hund nicht von der Leine gelassen."
- **zwischengeschobener Redebegleitsatz:** „Sie können es mir glauben oder nicht", versicherte Anna, „das weiß ich wirklich nicht."
- **nachgestellter Redebegleitsatz:** „Und wie kommt er in den Wald?", fragte der Förster.

11 **Hier findest du den Anfang einer Erlebniserzählung über das Verschwinden und Wiederfinden eines Hundes. Du sollst ihn fortsetzen, also weitererzählen. Schreibe zunächst den Anfang in dein Übungsheft ab, damit du dich allmählich hineindenkst.**

Anna fuhr in den Sommerferien mit ihren Eltern für eine Woche in den Thüringer Wald. Die schöne Ferienwohnung kannte sie bereits. Und ihr Hund Astor, ein großer Münsterländer, durfte auch mit. Gleich am zweiten Tag …

12 **Notiere jetzt die Überschrift zu deiner Geschichte.**

....

13 **Schreibe nun deine Erzählung in dein Übungsheft. Überarbeite sie mithilfe der Hinweise von Aufgabe 9 und 10.**

14 **Überprüfe deinen Aufsatz am besten zusammen mit jemand anderem mithilfe der Bewertungstabelle.**

	sehr gut 3 Punkte	mittel 2 Punkte	nicht gut 0 Punkte	Punkte
Überschrift	treffend	geht so	passt nicht	
Fortsetzung	spannend, originell	einigermaßen spannend	langweilig	
Spannungsbogen	steigt an, fällt dann plötzlich ab	steigt schnell an, fällt dann langsam ab	wechselt ständig, keine echte Spannung	
Schluss	schließt die Geschichte gut ab	etwas zu kurz	passt nicht, ist kein Ende	
wörtliche Rede	gut eingesetzt	passt nicht immer	gar nicht eingesetzt	
Satzanfänge und Wiederholungen	prima abgewechselt	kaum Wiederholungen	viele Wiederholungen	
Verben und Adjektive	passend und ausdrucksstark	meist ganz gut	passen oft nicht	
Zeitformen des Verbs	Vergangenheit und Gegenwart passend	wenige Fehler	passen meist nicht	
Gesamtpunktzahl (von 24 möglichen Punkten)				

Klasse vorbereitet?

Das Kratzen am Rollladen

Gestern Abend gingen meine Eltern ins Kino. Meine große Schwester Petra und ich waren alleine zu Hause. Wir schauten noch eine Weile fern, dann gingen wir ins Bett. Draußen war es bereits Nacht und sehr windig. Wie gewöhnlich ließ ich den Rollladen in meinem Zimmer herunter, weil ich am besten schlafen kann, wenn es ganz dunkel ist. Ich war schon fast eingeschlafen, da hörte ich plötzlich ein leichtes Kratzen am Rollladen.
Sofort war ich hellwach und hatte Angst. Zunächst versuche ich mich wieder etwas zu beruhigen, weil ich hoffe, ich hätte mir das alles nur eingebildet. Da aber höre ich es schon wieder dieses leise Geräusch, als wolle sich jemand an meinem Fenster zu schaffen machen. Sofort weckte ich meine Schwester Petra. Sie huschte aus ihrem Bett und wir setzten uns gemeinsam aufs Sofa. Da – schon wieder dieses Kratzen! Meine Hände begannen zu schwitzen und mein Herz klopfte mir bis zum Hals. Am liebsten hätte ich mich unter der Bettdecke verkrochen. Meine Schwester meinte, sie glaube nicht, dass das Einbrecher seien. Fest entschlossen, das Geheimnis zu lüften, schritt Petra zu meinem Fenster. Schon war der Rollladen oben. Ich nahm meinen ganzen Mut zusammen, schlich vorsichtig ans Fenster und schaute mit meiner Schwester zusammen gespannt nach draußen. Ich blickte keiner fürchterlichen Einbrecher-

fratze ins Gesicht, sondern sah nur die Äste unseres Kirschbaumes sanft an mein Fenster streichen. Der Wind hatte die Äste bewegt.
Schon verabschiedete sich meine Schwester, und auch ich legte mich beruhigt in mein warmes Bett.

1 Beurteile diese Geschichte nach folgenden Kriterien. Kreuze die richtige Aussage an.

Überschrift	☐ treffend	☐ geht so	☐ passt nicht
Einleitung	☐ treffend	☐ geht so	☐ passt nicht
Hauptteil	☐ treffend	☐ geht so	☐ passt nicht
Schluss	☐ treffend	☐ geht so	☐ passt nicht
Spannungsbogen	☐ treffend	☐ geht so	☐ passt nicht
wörtliche Rede	☐ treffend	☐ geht so	☐ passt nicht
Satzanfänge und Wortwiederholungen	☐ treffend	☐ geht so	☐ passt nicht
Zeitformen des Verbs	☐ treffend	☐ geht so	☐ passt nicht

Gesamtpunktzahl 8

Kontrolliere deine Ergebnisse mithilfe der Lösungen (Seite 123) und addiere die erreichten Punkte.
☐ 8 bis 6 Punkte: ☺ ☐ 5 bis 4 Punkte: 😐 ☐ 3 bis 0 Punkte: ☹

Einen Bericht schreiben

Das lernst du hier:

→ Der Unfallbericht
→ Die Sprache des Berichts
→ Der Aufbau eines Berichts
→ Der Schadensbericht

Berichte spielen im Alltag eine große Rolle. Viele davon hören wir uns nur an: Sportberichte, Wetterberichte, den Bericht des Klassensprechers …
Wer beispielsweise Zeuge eines Unfalls wird oder sogar selber einen Unfall erleidet, muss meist auch schriftliche Angaben machen. Dabei geht es weder um Gefühle noch Gedanken, sondern nur um **Tatsachen**.

Der Unfallbericht

REGEL

Ein Bericht über einen Unfall (oder Schaden oder Diebstahl usw.) kann sehr wichtig sein. Oft geht es dabei um Schuld, Verletzungen, Schäden und Ähnliches.

- Berichte deshalb **nur Tatsachen, keine Vermutungen und Gefühle**.
- Berichte lediglich das Wichtigste, also nur, was für das **Verständnis** notwendig ist.
- Berichte **der Reihe nach**: Namen, Zeit, Ort, Geschehen, Folgen.

1 Jan erzählt, wie er den Unfall seiner Freundin Anna Meyer erlebt hat.

a) Lies den Text.

Ein Verkehrsunfall

Am Montag, dem 2. Februar, ging ich zum Schulbus. Meist holt mich Anna ab, aber an diesem Tag kam sie nicht. Drei Häuser weiter von uns steht eine große Platane. Das ist ein Baum. Und hier ist die Kreuzung der Weberstraße mit der Goethestraße. Die Goethestraße hat Vorfahrt. Als ich an die Kreuzung kam, hörte ich plötzlich ein lautes Quietschen. Mein eigenes Fahrrad quietscht auch, aber nicht so laut. Dann schepperte es. Ich traute meinen Augen nicht! Direkt vor einem blauen Golf lag Anna mit ihrem Fahrrad. Sie war wohl zu spät dran gewesen und hatte das Rad genommen. Sie stellt es dann immer bei uns ab und wir gehen gemeinsam zum Bus. Der Autofahrer sprang heraus und lief zu Anna. Er war bestimmt schon 60, konnte aber noch gut laufen. Da war Anna schon aufgestanden. Ich glaube, sie sah mich nicht gleich. Ich war inzwischen hinter den Golf gegangen und hatte mir die Nummer gemerkt: FW – XY 98. Das Vorderrad des Fahrrads war verbogen, und Annas Hose hatte ein großes Loch. Der Golf hatte eine leichte Beule am linken Kotflügel. Da kam schon ein Polizeiwagen. Den hatte bestimmt Frau Kluge aus dem ersten Haus gerufen. Die sieht nämlich alles, auch was sie nicht sehen soll. Die Polizisten besahen den Schaden und machten Notizen. Anna brachten sie nach Hause. Ich ging dann zum Schulbus, weil es schon spät war. Im Unterricht hat mich an diesem Tag nichts mehr interessiert, ich musste immer an Anna denken. Heute Nachmittag besuche ich sie gleich.

b) Als Unfallbericht wäre das natürlich viel zu lang. Schreibe in Stichwörtern heraus, was du zu folgenden Punkten Wichtiges erfährst:

Wer? – Unfallbeteiligte: Anna Meyer (mit Fahrrad) ....

....

Wer? – Zeugen: ....

Wann? – Datum und Uhrzeit: 2. Februar ....

Wo? – Ort, Straßen: ....

Was? Wie? – das Geschehen: ....

....

Welche Folgen? – Schäden und was dann geschah: ....

....

....

....

2 **Sieh dir die Unfallskizze genau an und notiere danach weitere wichtige Angaben zu Annas Unfall.**

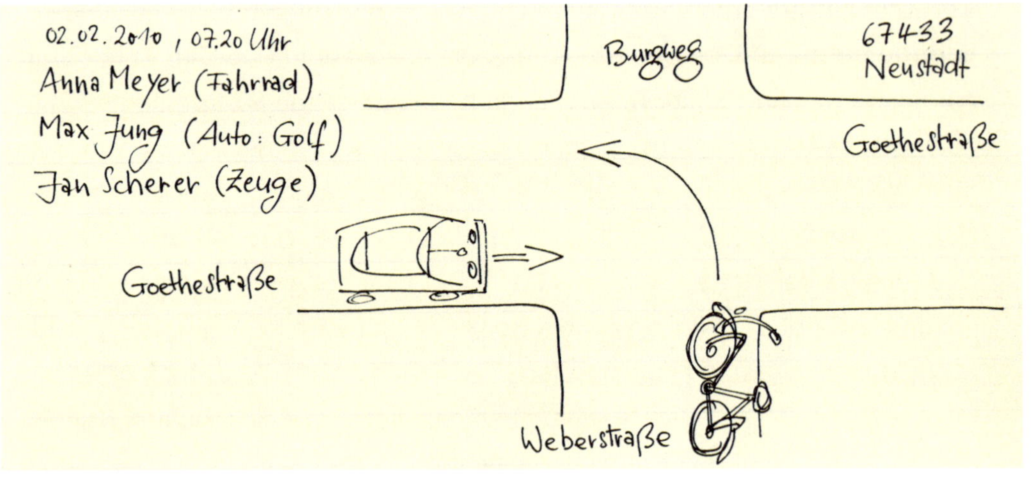

Wer? – Unfallpartner: Anna Meyer (mit Fahrrad), Herr ....

....

....

Wer? – Zeugen: ....

Wann? – Datum und Uhrzeit: 2. Februar 2010, ...

Wo? – Ort, Straßen: ....

....

Was? Wie? Warum? – das Geschehen: ....

....

....

Welche Folgen? – Schäden und was dann geschah:

....

....

....

3 In der Schule wird nach einem Unfall dieser Berichtsbogen ausgefüllt.
Vielleicht hast du ihn schon einmal gesehen.
Versuche, möglichst viele Eintragungen zu Annas Unfall zu machen.
Erfinde für diese Übung auch Angaben, die passen könnten.

Unfallanzeige für Kinder in Kindertageseinrichtungen, Schüler, Studierende

Name und Anschrift der Einrichtung (Kindertageseinrichtung, Schule, Hochschule):

Art der Einrichtung: ☐☐ (GS = Grundschule)

Träger der Einrichtung: (Wem gehört die Schule?)

Freihalten für den Versicherungsträger

Familienname und Vorname des Verletzten: geboren am:

Geschlecht ☐ männl. ☐ weibl.*

Staatsangehörigkeit

Anschrift des Verletzten (Postleitzahl, Wohnort, Wohnung):

ledig ☒ Ja ☐ Nein*

Kinder ☐ Ja ☒ Nein*

Name und Anschrift des gesetzlichen Vertreters:

Krankenkasse des Verletzten: pflicht- ☐ freiwillig- ☐ familien- ☐ privatversichert* ☐

Wochentag Datum Jahr Uhrzeit des Unfalls:

Tätigkeit am Unfalltag Beginn: Uhr Ende: Uhr

Verletzte Körperteile:

Art der Verletzungen:

Zuerst behandelnder Arzt:

Jetzt behandelnder Arzt oder Zahnarzt:

Krankenhaus, in das der Verletzte aufgenommen wurde:

Unfallstelle (bei Wegeunfällen genaue Ortsangabe):

Unfallhergang:

(wenn erforderlich, auf gesondertem Blatt fortfahren)

Zeugen des Unfalls:

Hat der Verletzte wegen des Unfalls den Besuch der o. a. Einrichtung unterbrochen?
Wenn ja, seit wann? bis wann?

Neustadt, den

Ort, Datum (Unterschrift eines Erziehungsberechtigten)

Kenntnis genommen

* Zutreffendes bitte ankreuzen

Die Sprache des Berichts

REGEL

Was eng zusammengehört, sollte im Satz auch miteinander verbunden werden. Dazu dienen **Bindewörter** (Konjunktionen) wie: **und**, **sowie**, **aber**, **sondern**, **trotzdem**, **denn**, **als**, **da**, **weil**, **damit**, **obwohl**, **anstatt dass** usw.
Bestimmte Konjunktionen und Ausdrücke gebraucht man, um genauer auszudrücken, **wann** etwas geschah.
- was **gleichzeitig** geschah: *während, unterdessen, gleichzeitig, im Verlauf, solange, zur selben Zeit*
- was noch **davor** geschah: *ehe, bevor, früher, zunächst*
- was **danach** noch geschah: *nachdem, danach, dann, nachher, anschließend, später*

REGEL

Ein Bericht ist keine Erlebniserzählung. Er muss in allen Teilen wahr sein. Du berichtest immer über etwas Vergangenes. Also benutze vor allem das **Präteritum** (Vergangenheitsform).

4 **Verbinde die folgenden Sätze jeweils zu einem einzigen Satz. Benutze dazu Verbindungswörter.**

a) Ich kam an die Kreuzung. Ich hörte plötzlich ein lautes Quietschen.

Als ....

....

b) Anna wurde von einem Golf erfasst. Sie hatte die Vorfahrt missachtet.

Anna ....

....

c) Der Autofahrer lief sofort zu Anna. Sie war schon aufgestanden.

Der ....

....

d) Annas Fahrrad hatte vorn eine Acht. Ihre Hose war beschädigt. Das linke Knie war leicht abgeschürft.

Annas ....

....

....

....

e) Die Polizisten brachten Anna nach Hause. Sie konnte mit dem Rad nicht mehr fahren. Sie hatte einen kleinen Schock.

Die Polizisten ....

....

....

....

Der Aufbau eines Berichts

REGEL

Eine treffende Überschrift, die gleich angibt, worum es geht, und die Einteilung in Einleitung, Hauptteil und Schluss erleichtern die Übersicht.

– Die **Einleitung** gibt Auskunft auf die Fragen:
  Wer? (wichtige beteiligte Personen, manchmal auch Tiere)
  Wo? (genauer Ort des Geschehens)
  Wann? (genauer Zeitpunkt des Geschehens)
  Was? (worum es geht, was passiert ist)
– Im **Hauptteil**, dem längsten und ausführlichsten Teil des Berichts, wird der Ablauf des Geschehens dargestellt: vollständig, trotzdem knapp und natürlich richtig geordnet.
  Hilfreiche Fragen dabei sind: **Wie?**, **Was?** und **Warum?**
– Der **Schluss** gibt kurz an, was dem Geschehen (Unfall, Schaden, Diebstahl usw.) unmittelbar folgte.

5 **Schreibe einen ausführlichen Unfallbericht über Annas Unfall. Du kannst ihn in Einleitung – Hauptteil – Schluss einteilen. Hilf dir mit dem Unfallbogen auf Seite 93.**
Einleitung: Wann? – Wer? – Wo? – Was?
Hauptteil: Was? – Wie? – Warum?
Schluss: Welche Folgen?

TIPP

Eine Dreiteilung macht den Bericht übersichtlicher.

Der Schadensbericht

6 Ordne die Sätze zu einem sinnvollen Schadensbericht.
Setze dazu Nummern in die linke Spalte.

	Beschädigung einer Fensterscheibe in der Klasse 5d
1	Am Mittwoch, dem 10. März 2010, hatten Jasmin, Markus und ich (Anna) nachmittags Volleyball-AG bei Herrn Habermann.
	Als 5 Minuten nach 3 Uhr noch immer kein Lehrer da war, übten wir schon mal ein bisschen.
	Wir wollten uns wie immer um 14.50 Uhr im Klassenraum der 5d treffen, wo die Bälle liegen. Dort warteten wir.
	Dabei ging eine Scheibe des rechten großen Klassenfensters zu Bruch.
	Markus hatte den Ball zu Jasmin geworfen.
	Ich riss dadurch zwei Stühle von einem Tisch.
	Der flog in die Scheibe.
	Jasmin gab weiter an mich, ich wieder an Markus.
	Der spielte den Ball schräg an die Wand, von wo er abprallte und mich am Kopf traf.
	Ein Stuhl davon fiel Markus auf den Fuß, als er gerade noch den Volleyball wegschlug.
	Das Glas sprang und splitterte teilweise heraus. Sonst war nichts passiert.
	Danach gingen wir zur AG in die Sporthalle.
	Anschließend liefen wir sofort zum Hausmeister.
	Dort trafen wir auch Herrn Habermann.
	Beide fegten die Glassplitter zusammen und sicherten das Fenster provisorisch mit einer großen Pappe.

Klasse vorbereitet?

1 Streiche alle Sätze mit Ausdrücken weg, die *nicht* in einen Bericht gehören.

- Das wunderschöne Fahrrad mit dem gebogenen Lenker lag verbogen auf der Straße.
- Das Vorderrad des Fahrrades war verbogen.
- Ihr rechtes Hosenbein war eingerissen.
- Das linke Knie blutete.
- Ich hoffte, dass meiner Freundin nichts passiert war.
- Es regnete zu diesem Zeitpunkt.
- In den Nachrichten hatte man schlechtes Wetter angesagt.
- Die Polizei nahm den Unfall auf.
- Es passierte auf der Kreuzung Goethestraße – Amselweg.
- Der Polizist setzte sich erst die Mütze auf, dann ging er zum Unfallort.

10

2 Welche Fragen können besonders bei einem Bericht hilfreich sein?

Wer? - ....

....

....

....

....

....

....

5

15 Gesamtpunktzahl

Kontrolliere deine Ergebnisse mithilfe der Lösungen (Seite 125) und addiere die erreichten Punkte.

☐ 15 bis 12 Punkte: ☺ ☐ 11 bis 8 Punkte: 😐 ☐ 7 bis 0 Punkte: ☹

Anleiten und Beschreiben

Das lernst du hier:

→ Schriftliches Anleiten mit den Beispielen: Rezepte, technische Anleitung, Bastelanleitung

Schriftliches Anleiten

Schriftliche Anleitungen kommen in der täglichen Praxis oft vor, sie sind wichtig. Anleitungen sollen erklären, wie etwas aufzubauen, durchzuführen, herzustellen, nachzumachen oder zu gebrauchen ist.
Es ist also sehr wichtig, dass Anleitungen eine echte Hilfe sind.

1 **Hier eine Deutschaufgabe, bei der du nichts schreiben musst. Lege dir mehrere Früchte zurecht, die dir schmecken. Dazu etwas Zucker oder flüssigen Süßstoff und Zitrone. Daraus soll ein toller Obstsalat werden.**
Also: Wasche, schäle und schneide das Obst in Stückchen.
Fülle dann alles in eine Schüssel. Süße den Salat oder gib Zitronensaft dazu. Vielleicht etwas Joghurt zur Abrundung? Und dann: guten Appetit!

Beispiel: Rezepte

REGEL

Rezepte sind **Anleitungen**. Man kann sie meist in drei Bereiche unterteilen:
Zutaten – Geräte – Zubereitung. Dazu kann noch ein Hinweis auf schönes Anrichten oder Servieren kommen.

- Die **Anrede** kann persönlich („Sie“, seltener „du“) oder unpersönlich („man“) sein. Manchmal nimmt man auch die unpersönliche Form des Passivs (Leideform): „Zuerst wird das Obst gewaschen.“
  Entscheide dich für eine dieser Formen.
- Als **Zeitform** wird das Präsens (Gegenwartsform) bevorzugt:
  wasche … / man wäscht … / du wäschst …

2 Rezept für einen Obstsalat – Stichwörter.
Trage nach deinen Erfahrungen jetzt ein.

Zutaten: 2 Äpfel, ...

....

Geräte: 1 große Schüssel, ...

....

Zubereitung: Äpfel waschen, ...

....

....

....

....

3 **Schreibe jetzt das Rezept ausführlich auf.**
Du kannst dir dabei mit dem Wörtervorrat helfen.

waschen · abtrocknen · zerschneiden · zerkleinern · würfeln · entfernen · dazugeben · abschmecken · mischen · umrühren · durchmischen · probieren · zuckern · schälen · trocknen · abwischen · entkernen · stehen lassen · unterrühren · verzieren · belegen mit · abtropfen lassen · abdecken · kühlen · süßen · säuern · füllen · zuerst · dann · danach · erst einmal · wenn … dann · zunächst · nachdem · damit · sobald · während · gleichzeitig · vorsichtig · nach und nach · je nach Geschmack · nach Belieben · fürs Auge · gläsern

Rezept für ……………………………………

Zutaten: ……………………………………

……………………………………

Geräte: ……………………………………

……………………………………

Zubereitung: Zunächst werden die Äpfel gewaschen ……………………………………

……………………………………

……………………………………

……………………………………

……………………………………

……………………………………

……………………………………

……………………………………

Servieren: Zum Verzehr kann man ……………………………………

……………………………………

Beispiel: Technische Anleitung

REGEL

Technische Anleitungen sollen helfen, ein Gerät aufzubauen, anzuschließen bzw. es in Betrieb zu nehmen und richtig zu bedienen. Und zwar so, dass wirklich alles sicher funktioniert.
Dazu erfährt man alles Notwendige über Material, Zubehör, Werkzeuge und die Reihenfolge der einzelnen Schritte.
Die Anleitung zum Anschluss usw. eines technischen Gerätes lässt sich am besten unterteilen in

1. Teile (Hauptgerät und Einzelteile),
2. Vorbereitung und Werkzeuge,
3. Inbetriebnahme.

Beim Aufschreiben ist zu achten auf:

- die richtige Reihenfolge,
- einfache, klare Sätze,
- die Anrede („Sie/du“, „man“ oder ganz ohne Anrede),
- passende Fachwörter (eventuell mit kurzer Erklärung).

Dabei sind kleine Skizzen oft eine gute Hilfe. Und wenn möglich, sollte man alles selbst einmal ausprobiert haben.

4 Lies dir die folgende technische Anleitung aufmerksam durch. – Du kannst dazu auch mal einen Blick auf deine eigene PC-Anlage werfen.

Anschluss und Inbetriebnahme eines TFT-Flachbildschirms

1. Teile:

- TFT-Flachbildschirm mit Bildschirmfuß
- Monitorkabel und Lautsprecherkabel
- Netzanschlusskabel
- Netzteil
- Bedienungsanleitung mit Installations-CD
- Garantiekarte
- (kleinen Schraubenzieher bereitlegen)

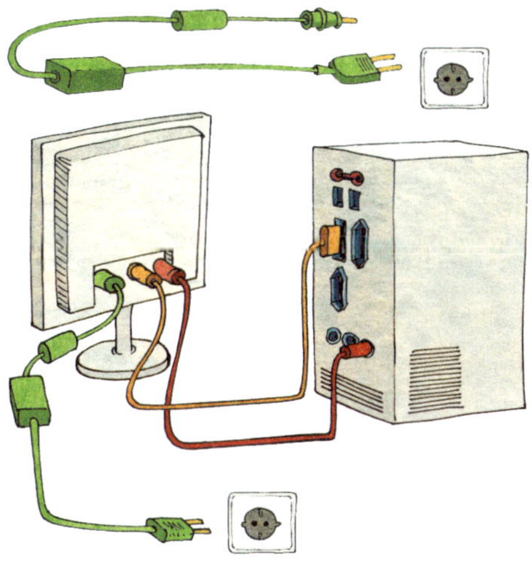

2. Arbeiten:

Vorbereitungen am PC:

- Strom abschalten und Netzkabel des alten Monitors entfernen
- altes Monitorkabel am PC entfernen

Vorbereitungen am TFT-Flachbildschirm:

- Bildschirm auf Bildschirmfuß setzen, einrasten
- Monitorkabel und Lautsprecherkabel hinten am Bildschirm einstecken
- dünnes Kabel des Netzteils (= Trafo) hinten in den Bildschirm einstecken
- TFT-Bildschirm mit Fuß und Kabeln auf Computertisch stellen
- freies Monitor- sowie Lautsprecherkabel-Ende hinten am PC einstecken (Eingang „Monitor“ auf der Grafikkarte, Eingang „Audio“ auf der Soundkarte)
- dickes Kabel des Netzteils (= Trafo) in die Steckdose stecken

3. Inbetriebnahme:

- PC starten und TFT-Flachbildschirm einschalten (Achtung: Das Bild kann kurz flackern und anders aussehen als vorher!)
- Falls der PC meldet „Neue Hardware gefunden“: Installations-CD ins CD-Laufwerk einlegen und starten. Dann einfach den Anweisungen auf dem Bildschirm folgen. – Fertig!
- Weitere Feineinstellungen können an den Bildschirmknöpfen vorgenommen werden.

5 Schreibe jetzt mithilfe der Abbildungen und der Angaben von Aufgabe 4 eine ausführliche Anleitung für den Anschluss des TFT-Bildschirms in dein Übungsheft. Verwende vollständige Sätze. Beginne mit:

Die Verpackung enthält folgende Teile:

Beispiel: Bastelanleitung

6 **Lies diese Bastelanleitung kritisch durch.**

Bastelanleitung für einen Dino

Material und Werkzeug

Du wirst dich wundern, wie wenig du für die Herstellung eines tollen Dinos brauchst. Das meiste findest du wahrscheinlich gleich zu Hause. Also: 2 Luftballons (Farbe egal, ein runder und ein länglicher), etwas Bindfaden, Tapetenleim, Zeitungspapier (einige Zeitungen), ein dicker Tuschpinsel, Malkasten (Tuschkasten), 4 Papprollen vom Toilettenpapier (oder 2 Papprollen vom Haushaltspapier, halbiert). Dazu Tesafilm und eine leere Dose für den Leim. Das alles wird zum Basteln eines Dinos gebraucht.

Arbeiten

Der Arbeitsplatz sollte gut abgedeckt werden, weil du mit flüssigem Leim umgehst. Du könntest kleckern! Rühre zuerst den Tapetenleim an, denn er muss etwas stehen, bis er gebrauchsfertig ist. Richte dich ansonsten nach den Anweisungen auf dem Päckchen. Auf jeden Fall: Fülle immer erst das Wasser, dann das Leimpulver ein, sonst gibt es Klumpen, die sich schwer wieder auflösen. Der Leim sollte dickflüssig werden wie Trinkjoghurt.

Blas dann die Luftballons auf. Einer wird der Kopf des Dinos, der andere der Rumpf. Hefte beide mit Tesafilm zusammen.

Jetzt kommt die Hauptarbeit. Du musst nun nach und nach alles mit kleinen Zeitungspapierfetzen bekleben. Dabei merkst du bald, wie gut man mit dem feuchten Papier und Leim modellieren kann. So wächst dein Fantasie-Dino heran. Füge dann die Beine an und forme sie allmählich aus.

Es ist gut, zwischendurch mal eine Pause von einem Tag zu machen, damit alles durchtrocknen kann. Es wird dadurch stabiler. Lagere den Dino dazu seitlich ab und stütze ihn.

Am Schluss kannst du deinen Dino fantasievoll mit Deckfarben bemalen.

REGEL

Verzichte auf unnötige, abschweifende Angaben.
Sie verwirren und lenken vom Kern der Bastelanleitung ab.

7 **Überarbeite die Bastelanleitung und schreibe sie hier neu auf.**

Bastelanleitung für einen Dino

Zwischentest

Klasse vorbereitet?

1 In folgender Bastelanleitung findest du vier Fehler. Es finden sich zwei Passagen, die nicht zu einer Anleitung gehören. Unterstreiche sie blau. Außerdem haben sich beim Verwenden der richtigen Zeit zwei Fehler eingeschlichen. Unterstreiche diese rot.

Anleitung zum Basteln eines Vögelchens aus Tonpapier

Gabi wollte schon immer einmal ein Vögelchen basteln und auf den großen Ast im Klassenzimmer hängen. Damit Gabi nicht traurig sein muss, versprach ihr die Lehrerin für die nächste Werkstunde, mit allen Kindern Vögelchen zu basteln.

Du brauchst eine Vogelschablone, Tonpapier, einen Fotokarton, Filzstifte und bunte Federn.

Du legst die Vogelschablone auf ein buntes Blatt Fotokarton und umspurst diese. Danach nimmst du eine Schere, schneidest den Vogelkörper aus und schneidest anschließend unter dem Rücken des Vögelchens einen etwa 1 cm breiten Spalt. Pass aber gut auf, dass du dich nicht in die Finger schneidest, sonst wird dein schönes Vögelchen blutig und die Lehrerin schimpft.

Anschließend schneidest du von deinem Tonpapierblatt ein Quadrat mit 10 cm Seitenlänge ab und faltest dieses zu einer „Ziehharmonika". Diese schiebst du durch den Spalt am Rücken des Vogelkörpers. Das sind jetzt die Flügel des Vögelchens.

Nun nimmst du einen Kleber und hast dann viele Federchen auf die Flügel und auf den Körper des Vogels geklebt. Auch hast du schon Augen und Schnabel auf das Vögelchen geklebt. Jetzt ist das Vögelchen fertig.

Nimm nun eine Schnur und befestige sie am Vogelkörper.

Damit kannst du das Vögelchen an einem Ast oder zu Ostern an einem Strauß mit Palmkätzchen aufhängen.

4

2 Ergänze.

a) Verzichte bei einer Bastelanleitung auf ………………, abschweifende Angaben.

b) Rezepte sind ………………….

3

c) In einer Anleitung wird die Zeitform des ………………… bevorzugt.

7 Gesamtpunktzahl

Lern planer

Kontrolliere deine Ergebnisse mithilfe der Lösungen (Seite 127) und addiere die erreichten Punkte.

☐ 7 bis 6 Punkte: ☺ ☐ 5 bis 4 Punkte: ☺ ☐ 3 bis 0 Punkte: ☹

Abschlusstest

A Rechtschreibung

1 Versuche diesen Text zu lesen. Teile dazu jedes Wort und jede Zahl durch einen senkrechten Strich mit dem Bleistift ab.
Setze dann die fehlenden Punkte. Achtung, es gibt Lücken, in die kein Satzschlusszeichen gehört. Unterstreiche anschließend alle Wörter, die großgeschrieben werden müssen.

heutevormittaginderschule
ichwarheuteschonsehrfrühinderschule dannkam maria siehatte
eineneuefrisur darübermussteichsehr lachen aberdasfandmeine
lehrerinnichtschön dahabeichnochlautergelacht
„dasfindestduwohlauchnochlustig, was?“, sagtesieärgerlich

17

2 Setze die fehlenden Buchstaben in die Wörter und Wortgruppen ein.

se undse zig, läng des Weges, eine schre li nette
Fami e, inter ante Neuigkeiten, mit dem Fa rad zur
Sch le, eine gef rli e Kreu ung, ein ro tiger Nagel,
h te ist kein Unte icht, wir fahren nach ause, der ürzeste
Weg, der Bu wartet schon, ein bi chen, Pap r
Da rie ige, hä liche Ungetüm, da in der Länge bestimmt
an die vier Meter ma , scho auf Peter zu, soda ihm angst und
bange wurde.

27

Gesamtpunktzahl Aufgabe 1 und 2 44

Kontrolliere deine Ergebnisse mithilfe der Lösungen (Seite 128) und addiere die erreichten Punkte.
Teilbereich A: ☐ 44 bis 35 Punkte: ☺ ☐ 34 bis 22 Punkte: ☺ ☐ 21 bis 0 Punkte: ☹

Abschlusstest

B Grammatik

3 Schreibe neben jede Wörterreihe den Namen der Wortart, die in dieser Reihe am häufigsten vorkommt.

a) Ausweis, Messer, Konserve, messen, Presse, Soda	
b) auslösen, wegen, brutzeln, dribbeln, leiten, scheinen	
c) ich, wir, ihr, gestern, ihm, mich, dich, uns, sie, du, mir	
d) der, dem, einem, ein, zwei, das, des, eine, die, den	
e) bei, neben, zwischen, unter, dieser, über, wegen, mit	

5

4 Unterstreiche alle Subjekte grün, die Prädikate rot.

Hunde sind Lauftiere. Sie brauchen deshalb viel Bewegung.

Aber auch Frauchen und Herrchen sollten möglichst viel gehen und laufen.

Joggen wäre für beide ideal.

Die Partner sollten allerdings langsam anfangen. Später darf das Tempo

dann allmählich gesteigert werden. – Hunde besitzen keine Schweißdrüsen.

Sie regulieren ihre Körpertemperatur über das Hecheln mit der Zunge.

16

21 Gesamtpunktzahl Aufgaben 3 und 4

Kontrolliere deine Ergebnisse mithilfe der Lösungen (Seite 128) und addiere die erreichten Punkte.
Teilbereich B: ☐ 21 bis 17 Punkte: ☺ ☐ 16 bis 11 Punkte: 😐 ☐ 10 bis 0 Punkte: ☹

C Die Erzählung

5 Welche Wortarten helfen uns besonders, eine Erlebniserzählung bildhaft und eindrucksvoll zu gestalten? 2

6 Beschrifte die Darstellung des Aufbaus einer Erzählung.

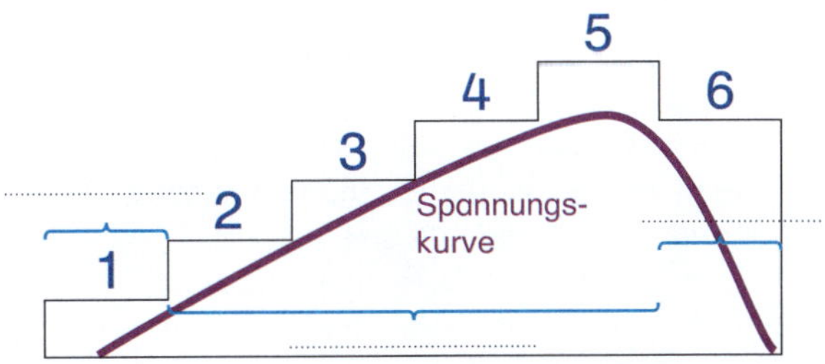

4

Gesamtpunktzahl Aufgaben 5 und 6 6

D Einen Bericht schreiben / E Anleiten und Beschreiben

7 Der Bericht: Streiche durch, was nicht zutrifft.

Mit dem Bericht will man jemanden unterhalten/informieren. Es kommt auf Gedanken und Gefühle/sachliche Einzelheiten an. Empfindungen und möglichst viel wörtliche Rede sind wichtig. Eigene Gedanken spielen im Bericht keine Rolle. Als Zeitform verwendet man meist das Futur/das Präteritum. 4

8 Ergänze den Text:

Ein Bericht ist ………………………… Erlebniserzählung. Er muss in allen Teilen

………………………………………… sein. Du berichtest immer über etwas ……………………………….

Also benutze als Zeitform vor allem das ………………………………………………………… 4

9 Welches Ziel hat die schriftliche Anleitung?
(Wen soll sie wie worüber informieren?) 3

……

Gesamtpunktzahl Aufgaben 7 bis 9 11

Kontrolliere deine Ergebnisse mithilfe der Lösungen (Seite 128) und addiere die erreichten Punkte.

Teilbereich C: ☐ 6 bis 5 Punkte: ☺ ☐ 4 bis 3 Punkte: ☺ ☐ 2 bis 0 Punkte: ☹

Teilbereich D/E: ☐ 11 bis 9 Punkte: ☺ ☐ 8 bis 6 Punkte: ☺ ☐ 5 bis 0 Punkte: ☹

Zur Bewertung der Tests:

Falls nicht in der Lösung anders angegeben, vergibst du pro Teilaufgabe einen Punkt – bzw. ziehst pro Fehler einen Punkt ab. Sind Beispiellösungen angegeben, so bewerte dich selbstkritisch.
Sei vor allem beim Einstiegstest streng in der Bewertung: Er soll dir schließlich zeigen, wo du sinnvollerweise als Erstes üben solltest.

Einstiegstest, Seite 7 bis 11

1 Richtig geschrieben sind folgende Wörter:
Unterrichtsstunden, fällt, viel, Spaß, denn, nett, schimpft, fürchterlich, wenn, Kaugummi, Mund, jemand, vergisst. erzählen, müssen, viele, nimmt, Arbeit, sollen, Test, lässt, fertig, meist, Letzte, immer, Deshalb, fast.

2 Zeit, lebte, Schriftsteller; erzählt. ging, Seeufer; Delfin; nahm, Speise, freudig, schien, blinzeln; ließ, Rücken, steigen; baumelnden, Beinen, Seite, Sees; Schule; dauerte, Jahre; Krankheit; Delfin, trauriger, Knaben, mehr, sah; darauf, Trauer.

3 er lebte (leben), Präteritum, Singular, 3. Person, männlich;
es gibt (geben), Präsens, Sing., 3. Pers., sächlich;
es wird geben (geben), Futur I, Sing., 3. Pers., sächl.;
sie haben genannt (nennen), Perfekt, Plural, 3. Pers.;
er hatte verlassen (verlassen), Plusquamperfekt, Sing., 3. Pers., männl.;
sie wurde gesehen (sehen), Präteritum, Sing., 3. Pers., weibl.

4
a) Subjekt, Prädikat, Objekt (3 P.)
b) Das Dativ-Objekt erfragt man mit „Wem?“, das Akkusativ-Objekt mit „Wen oder was?“ (2 P.)
c) Adverbiale der Zeit; Adverbiale des Ortes (2 P.)
d) durch ein Komma (1 P.)

5 Wechsel vom Präteritum ins Präsens, um die Geschichte an dieser Stelle besonders spannend und anschaulich zu machen. Dazu dient auch die wörtliche Rede.

6 Erzählanfang: Überschrift und Einleitung

7 Unfallbericht:
Einleitung
– Personen: Wer?
– Ort: Wo?
– Zeit: Wann?
– Geschehen: Was?
Hauptteil (Ablauf: Was? Wie?)
Schluss (Folgen: Welche Folgen?)

8 Also, wir machen so ein Ding, du weißt schon. Richte Kleber, Schere und dunkles Tonpapier her. Lege dir außerdem einen Bleistift, einen Radiergummi und Buntstifte in hellen Farben zurecht. Halte auch einen Spitzer sowie Klebeband bereit. Eva hat immer schon gesagt: „Pass mit der Schere auf!“ Man zeichnet am besten die Figur des Hasen mit Bleistift vor. Robert kann das gut, aber er ist dann manchmal ganz schön frech, wenn man etwas von ihm will. Kleine Fehler kann man einfach radieren und ausbessern. Mit der Schere vorsichtig an der Vorzeichnung entlang schneiden. Schon hast du deinen Hasen vorbereitet. Jetzt nimm helle Buntstifte und bemale deinen Hasen nach Belieben. Lass den blöden Carl aber nicht alles nachmachen. Der wartet immer ab, was die anderen machen, um alles nachzumachen. Sobald du zufrieden bist, kannst du den Hasen an das Klassenfenster kleben. Und zwar mit der bunten Seite nach außen.

Rechtschreibung, Seite 12–42

1 Zwerge der Urzeit
Die heutigen Lebewesen der Erde stammen von Vorfahren ab, die nur aus einer einzigen Zelle bestanden. Alle Tiere,

Pflanzen und Menschen gehen also auf Einzeller zurück.
Es dauerte viele Millionen Jahre, bis sich alles so entwickelt hatte, wie wir es jetzt kennen.
Das Tolle daran aber ist, dass es die Einzeller heute noch gibt. Die meisten anderen Lebewesen dazwischen, zum Beispiel die Saurier, existieren dagegen schon lange nicht mehr.

2 DIE RIESEN DER URZEIT
WENN MAN HEUTE VON SAURIERN SPRICHT, DANN DENKEN DIE MEISTEN MENSCHEN AN DIE RIESIGEN DINOSAURIER. SIE LEBTEN AUF DEM FESTLAND. VIELE DIESER TIERE KONNTEN SCHWIMMEN UND HIELTEN SICH HAUPTSÄCHLICH IN SEEN ODER SÜMPFEN AUF. IM ODER AM MEER KAMEN SIE OFFENBAR NIE VOR. SIE SIND AUCH NICHT ZWISCHEN FESTLAND UND MEER ENTSTANDEN. DIE MEISTEN DINOSAURIER HATTEN VIER STÄMMIGE BEINE. TRAGEN MUSSTEN DIESE EINEN MASSIGEN KÖRPER. ES GAB VERTRETER UNTER IHNEN MIT HORNPLATTEN, STACHELN ODER LANGEN KOPFHÖRNERN.
DANEBEN EXISTIERTEN ABER AUCH ZWEIBEINER MIT KURZEN ARMEN. ERNÄHRT HABEN SOLLEN SIE SICH SOWOHL VON PFLANZEN WIE AUCH VON AAS UND ERBEUTETEM FLEISCH. DAGEGEN WAREN DIE VIERFÜSSIGEN SAURIER FAST ALLE FRIEDLICHE PFLANZENFRESSER ODER ALLESFRESSER.

3 Tag, Ferien, Halle, Unsere, Eltern, Zuerst, Flötengruppe, vorgespielt, Dann, Klasse, Die, Schulleiterin, Rede, Danach, zusammen, Lied, Bis, fröhlich, aber, traurig, Frau, unsere, Klassenlehrerin, Arm, geweint, Mutter, mir, komisch, Dann, Ferien, In, Zeit, Schule, vergessen, Nur, letzten, Tag, Ich, Sachen, Wecker, stellen

4 der Schultag, die Grundschule, der Tag, die Ferien, die Halle, die Eltern, die Flötengruppe, die Klasse, die Schulleiterin, die Rede, das Lied, die Frau, die Klassenlehrerin, der Arm, die Mutter, die Ferien, die Zeit, die Schule, der Tag, die Sachen (die Sache), der Wecker

5 Nomen waagrecht:
Trennung, Trockenheit, Ei, Opi, Eitelkeit, Übelkeit, Hindernis, Reich, Reichtum, Feind, Feindschaft, Schicksal, Mechanismus, Häufchen
Nomen senkrecht:
Häuflein, Reff, Reinheit, See, Erlebnis, Ria, Irrtum, Erbschaft, Schaft, Tuba, Richtung, Ei
Nomen diagonal:
Ritt, Ei, Tat
weitere Wörter waagrecht, senkrecht und diagonal: ab, er, ist, sah, in, mir, wir, das, den

6 mit der Endung -ung: die Trennung, die Richtung
mit -heit: die Trockenheit, die Reinheit
mit -keit: die Eitelkeit, die Übelkeit
mit -schaft: die Feindschaft, die Erbschaft
mit -tum: der Reichtum, der Irrtum
mit -nis: das Hindernis, das Erlebnis
mit -ismus: der Mechanismus
mit -al: Schicksal
mit -chen/-lein: das Häufchen/Häuflein

7 dir, du, deiner, dir, dich, eure

8 Dir, Du, Ihr, Dir, Deinem

9 Sie, Ihre, Ihnen, Sie, Ihnen, Sie, Sie

10 Peinliche Fragen
„Warum hast du schon wieder keine Schulaufgaben?“
„Entschuldigen Sie, aber ich habe Ihnen doch gestern schon gesagt, dass ich das nicht verstanden habe.“
„Und ihr beide? Dasselbe?“
„Ich hatte sie gemacht, aber dann hat sie mein Hund zerfetzt.“ – „Und ich hatte mein Heft bei ihr vergessen. Das hat auch ihr Hund zerfetzt.“

„Und was ist deine Entschuldigung heute?"
„Ich habe mich mit meinem Freund gestritten. Glauben Sie mir, ich war so aufgeregt, dass ich Ihren Aufgabenzettel ganz vergessen habe."

11 erzählte, Schwimmen, Abschiednehmen, redete, Quatschen, ermahnte, nahm, lag, Zukleben, zukleben, Schweigen, Kleben, musste, guckte, Lachen, Abnehmen, Zerschneiden

12 letzten, Schulstunde, mehr, muss, schon, Nachmittag, verbringen, Freundin, paar, Lieblinge, vier, Jahre, Wir, pflegen, schönem, Bahnen, führen, Wiese, sie, Bewegung, Dienstag, Donnerstag, Zeit, Schwimmtraining, muss, ihrer, Laden

13 senkrecht: schonen, Qual, Straße, Los, Schwan, Fön, Lid, Strom, Rom, Tal, Ofen, Biber
waagrecht: lesen, Tod, Öl, Vase, Öse, Mal, Ara, Mine, Tomate, Rose, alt, Altar, Schal

14 unbezahlbar, Stahlbohrer, auswählen, Berghöhle, lebendig, bärenstark, Frühnebel, Rotkohl, befohlen, hundemüde, Blumenkübel, schwerelos

15 Kaffee (oder Tee), Tee, Haare, See (oder Meer), Waage, Aal, Paar, Boot, Moos, Zoo, Schnee

16 Beispiellösung: Nicht alle Menschen mögen Aal, dann stehen ihnen möglicherweise die Haare zu Berge. Ein mir bekanntes Paar allerdings liebt dieses Tier und besucht dazu sogar einen Zoo mit großem Aquarium, in dem es das Modell eines versunkenen Bootes gibt. Davon kann sie weder Schnee noch vereistes Moos abhalten. Sie würden sogar einen See oder das Meer überqueren. – Vielleicht sollte man den Wahrheitsgehalt dieser Sätze nicht mittels einer Waage prüfen.

17 rief, schlief, geriet, stieß, aufrief/schwieg, schrieb

18 er verlor, wir gossen, du lagst, er verbog, sie flogen, es wog, wir rochen, sie verboten, es kroch, wir schossen, es floss, ich schloss, wir schoben

19 Altsteinzeit, lebten, schützten, Zweige, Wohnungen, hinter, Felswänden, Höhlen, Werkzeug, nahm, Steine, Knochen, Holz, Tiere, vollständig, verwertet, natürlich, gegessen, übrigen, benutzten, Steinzeitmenschen, für, Bewältigung, tagtäglichen, Bedürfnisse

20
a) d/t, zu später Stunde, spät
b) g/k, viele Geschenke, Geschenk
c) g/k, mehrere Fabriken, Fabrik
d) d/t, der fremde Junge, fremd
e) d/t, die harte Nuss, hart
f) g/k, Holzbänke, Bank
g) d/t, ein wilder Tiger, wild
h) g/k, viele Käfige, Käfig
i) d/t, bunte Farben, bunt
j) b/p, lieben, die Liebe
k) g/k, das Ausflugsziel, Ausflug
l) g/k, in den Bergen, Berg

21 Schüssel, Schloss, Sommer, Kummer, Messer, Rüssel, Affe, Sessel, Pfarrer, Himmel, Stress, Nonne
Lösungswort: Sommerferien

22 Schüs-sel, Schloss, Som-mer, Kum-mer, Mes-ser, Rüs-sel, Af-fe, Ses-sel, Pfar-rer, Him-mel, Stress, Non-ne, Som-mer-fe-ri-en

23 müssen: ich muss, ich musste, ich habe müssen; küssen: ich küsse, ich küsste, ich habe geküsst; vermissen: ich vermisse, ich vermisste, ich habe vermisst; schwimmen: ich schwimme, ich schwamm, ich bin geschwommen; hoffen: ich hoffe, ich hoffte, ich habe gehofft; messen: ich messe, ich maß, ich habe gemessen; essen: ich esse, ich aß, ich habe gegessen; fassen: ich fasse, ich fasste, ich habe gefasst; hoffen: ich hoffe, ich hoffte, ich habe

gehofft; treffen: ich treffe, ich traf, ich habe getroffen

24 passen: die Pass-form, das Pass-bild; putzen: der Putz-ei-mer, das Putz-per-so-nal
backen: die Back-stu-be, die Back-an-lei-tung
schutzen: der Schutz-an-zug, die Schutz-klei-dung
blicken: die Blick-rich-tung, der Blick-punkt

25 fressen: Fressnapf, Fraß, gefräßig, auffressen
packen: Packpapier, Gepäck, gepackt, Verpackung
treffen: Treffpunkt, Treffer, vortrefflich, antreffen

26 Wörter mit f: fertig, gefehlt, fiel, Feile, Beruf, frei, auf, Neffe, für, fehlen, Fund, Flüge, feilen
Wörter mit v: voll, Vogel, viel, vor, vielleicht, Veilchen, vier, Nerv, von
Wörter mit pf: empfehlen, Pfund, dampfen, Pfeile, Pfirsich, pflügen, Pfau, pfui

27 Wörter mit x: boxen, Praxis, Nixe, extra, mixen, Axt, Lexikon
Wörter mit chs: Ochse, Büchse, deichseln, Wachs, Eidechse, sechs, wechseln
Wörter mit gs: Rettungsboot, unterwegs, mittags, geradewegs, anfangs, neuerdings, ringsherum
Wörter mit ks: links, schlaksig, Murks, Keks, Volkswagen, Koks, Schlaks
Wörter mit cks: Knicks, Klacks, Klecks, zwecks, Kuckucksuhr, schnurstracks, klecksen, mucksmäuschenstill

28 großen, Pause, draußen, müssen, hast, ausprobiert, so, seinem, Klassen, meist, Großen, uns, diese, sollte, Riesenbogen, zusammen, Aufsicht, gefasst, Adventszeit, fast, Klassen, Reisig, Wachskerzen, lassen, uns, hinreißen, bisschen, Bisher, das, es, Spaß, sich, lassen, sollte

29 hausen, sausen, brausen, zausen, lausen, mausen, schmausen;
reisen, speisen, Eisen, bereisen, vereisen, verreisen, beweisen;
gießen, fließen, schießen, spießen, schließen, sprießen, genießen;
reißen, beißen, heißen, schweißen, weißen, abreißen, schmeißen

30 die Nase – das Näschen, der Hase – das Häschen, das Haus – das Häuschen, die Maus – das Mäuschen, die Rose – das Röslein, die Tasse – das Tässchen, die Straße – das Sträßchen, die Gasse – das Gässchen, der Strauß – das Sträußchen, das Ross – das Rösslein

31 Was mir nicht gefällt
Mich stört das frühe Aufstehen am Morgen. Auch finde ich nicht gut, dass der Schulbus immer so voll ist, dass die großen Schüler uns nicht auf die Sitzplätze lassen und dass alle so fürchterlich drängeln. Aber ich glaube, das wird sich so schnell nicht ändern. Und da gibt es noch etwas, das mich nervt. Das ist nämlich das ständige Gerede, das unsere Jungs um ihre Fußball-Clubs veranstalten.

32 Mich stört, dass ich am Morgen so früh aufstehen muss. Auch finde ich das Drängeln der großen Schüler im Schulbus nicht gut, dass sie uns nicht auf die Sitzplätze lassen und dass der Bus immer so voll ist. Aber ich glaube, dass sich das nicht so schnell ändern wird. Und da gibt es noch etwas, das mich nervt. Dass nämlich unsere Jungs das ständige Gerede um ihre Fußball-Clubs nicht sein lassen können.

33 Olivers Mappe ist hinter der Tafel versteckt.

34 individuelle Lösung

35 Him-beer-tor-te, Ele-fant, Klas-sen-raum, Haus-auf-ga-ben-heft, Fahr-rad-ket-te, Klin-gel, an-spit-zen, ver-kau-fen (ver-wer-fen), ab-rei-ßen, Weih-nach-ten, He-xen-knus-per-häus-chen, Zu-cker-wat-te, Don-ners-tag-mit-tag, Fens-ter-putz-mit-tel, Was-ser-ni-xe

36 a) Spar-gel-der
b) Alt-bau-er-hal-tung
c) be-in-hal-ten
d) Blut-egel
e) Dru-cker-zeug-nis
f) Druck-er-zeug-nis

37 a) He-li-ko-pter und He-li-kop-ter
b) hi-nauf und hin-auf
c) wa-rum und war-um
d) he-ran und her-an
e) vo-raus und vor-aus
f) in-te-res-sant und in-ter-es-sant

38 a) der Monitor, die Tastatur, die Maus und der Drucker.
b) Messer, spitze Scheren, Feuerwerkskörper sowie andere gefährliche Gegenstände dürfen …
c) … einen Vogel, einen Käfig, Vogelfutter oder einen CD-Spieler, ein Paar Kopfhörer und drei CDs.
d) Draußen donnert, hagelt und stürmt es.

39 „Papa, du hast mir doch schon so lange versprochen, dass ich endlich ein Aquarium bekomme", jammert Lukas. Papa antwortet: „Das stimmt, Lukas. Heute habe ich auch Zeit, mit dir zum Aquariumcenter zu fahren." „Super Idee, Papa!" , jubelt Lukas.

40 Die Verkäuferin in der Zoohandlung fragt: „Wie groß soll denn dein Aquarium sein?"
Lukas antwortet: „So groß wie dieses hier."
Die Verkäuferin meint: „Dieses Becken hat 80 Liter und ist gut geeignet für ein großes Kinderzimmer." Papa fügt hinzu: „Ja, das Aquarium soll in Lukas Zimmer stehen, damit er sich für die Pflege verantwortlich fühlt."

41 „Welche Fische eignen sich denn für ein solches Aquarium?", fragt Lukas. „Da musst du noch etwas Geduld haben", meint die Verkäuferin. „Das Aquarium braucht erst eine Bodenfüllung und muss bepflanzt werden. Dann muss das Wasser besonders zubereitet werden, damit die Fische sich dort wohlfühlen können", erklärt Papa. „Kaufen wir auch gleich eine Heizung und eine Belüftungspumpe?",will Lukas wissen. „Ja, das besorgen wir heute und dann lesen wir zu Hause in Ruhe nach, welche Fische wir uns kaufen werden", beschließt Papa.

Zwischentest, Seite 40 bis 42

1 Sabrinas Mütze ist weg
Seit der großen Pause ist Sabrinas Mütze weg. Sie schreibt dazu den folgenden Bericht:
Wir haben uns auf dem Schulhof mit den Jungen ein bisschen gekabbelt. Dabei habe ich Bastian gegen Benny geschubst. Der ist beinahe umgefallen und hat mir deshalb meine neue Mütze vom Kopf gerissen. Dann hat Wiebke sie erwischt und wollte sie mir wiedergeben. Aber das wollte ich nicht. Benny sollte die Mütze nehmen und sie mir gefälligst in die Hand geben. Da hat Wiebke die Mütze fallen lassen. Und plötzlich klingelte es(,) und alle stürmten zur großen Glastür. Seitdem ist meine schöne neue Mütze weg.

2 Verhalten als Fahrradfahrer
Sobald du dein Fahrrad schiebst, hast du am Zebrastreifen Vorrang wie ein Fußgänger. Für den fahrenden Fahrradfahrer gilt das jedoch nicht. Deshalb ist es immer besser und sicherer, abzusteigen, sodass der fließende Verkehr warten muss. Auch für dich ist es ein Vergehen, eine Einbahnstraße oder den Radweg in der falschen Richtung zu benutzen. Das Fahren auf Gehwegen ist ebenfalls verboten.
Grundsätzlich ist immer der rechte Radweg zu befahren. Ist nur ein einziger Radweg vorhanden, darf er auch in der Gegenrichtung benutzt werden, falls dieses durch ein Verkehrszeichen freigegeben ist.

Kinder bis zu acht Jahren müssen, Kinder bis zu zehn Jahren dürfen mit ihrem Rad den Gehweg benutzen. In Ausnahmefällen können sie auch auf der Fahrbahn fahren.

3 Der betrogene Teufel
In der Sächsischen Schweiz liegt im Liebethaler Grund eine schöne, romantische, alte Mühle. Manche sagen, dass es mit dieser Mühle nicht mit rechten Dingen zugehe. Ein alter Förster hat die folgende Sage erzählt:
Vor vielen Jahren hatten hier ein Müller und eine Müllerin eine Mühle geerbt. Weil sie aber schon sehr baufällig war, taugte sie nur noch wenig zum Broterwerb. Als in einer finsteren, stürmischen und unheimlichen Gewitternacht beide sorgenvoll zusammensaßen, sagte der Müller für sich hin: „Wer wird uns wohl das Geld borgen, das wir zum Erneuern und Bauen brauchen?“ Kaum hatte er's ausgesprochen, da polterte der Teufel persönlich zur Tür herein und forderte die beiden Alten auf: „Schließt einen Pakt mit mir, und ich baue euch eine neue Mühle und gebe euch Geld obendrein.“ Und er legte ihnen einen Schein vor, auf dem stand: Wer beim Morgengrauen zuerst aus diesem Hause schaut, soll dem Teufel gehören. Da nahm die Müllerin das Papier, das vor ihr lag, und unterschrieb's. Der Müller tat's zitternd nach. Flugs entstand eine neue Mühle, dass die beiden Alten Augen machten. Aber bald kam das Morgengrauen, das der Teufel schon herbeisehnte. Da holte die Müllerin ihren Esel und setzte ihm die Nachtmütze ihres Mannes auf, sodass er aussah wie der Müller. Dann schob sie seinen Kopf durchs Fenster(,) und sofort fasste der Teufel das Tier und riss es mit sich in die Tiefe. Erst in der Hölle merkte er, dass er betrogen worden war. Aber das half nichts mehr. Und die Müllersleute hatten eine schöne Mühle und lebten darin gut bis an ihr Ende.

Grammatik, Seite 43–77

1 Die Hängematte
Christina hatte zu ihrem Geburtstag eine nagelneue Hängematte bekommen. Diese haben sie gleich ausprobiert, denn Marcel wollte unbedingt einmal darin schaukeln. Nachdem die Hängematte zwischen zwei Bäumen im Garten befestigt war, legte sich Marcel hinein. Sofort stieg Benjamin hinterher, weil noch viel Platz darin war. Christina schaukelte die beiden Jungen so heftig, dass sie laut juchzten. Da flüsterten die Mädchen dem Geburtstagskind etwas zu, und Christina lächelte geheimnisvoll. Ehe sich die Faulpelze in der Hängematte darauf einstellen konnten, packten alle Mädchen zu und kippten die beiden um. Marcel lag plötzlich in den Brennnesseln, während Benjamin neben die faulen Äpfel des Nachbarbaumes rollte. Alle fanden das lustig, obwohl sich Benny noch lange die Waden kratzte. Seitdem will Benny an seinem eigenen Geburtstag Rache.

2 Nomen für Lebewesen: Florian, der Nachbar, der Freund, der Fahrer, die Meyers, der Hund, der Sohn, der Papagei
Nomen für Dinge: die Inliner, das Auto, der Wagen, die Beule, die Mauer, der Garten, das Rosenbeet
Nomen für Abstraktes: die Sommerferien, der Mittag, die Unsicherheit, der Moment, der Trick, das Kunststück, der Absprung

3 Übermut tut selten gut
Heute Morgen kam Alexander schon ziemlich übermütig in die Schule. Zuerst ärgerte er den dicken Max. Dann machte er eine Ente nach. Darauf schubste er „aus Versehen“ Anna. Schließlich nervte Alexander die ganze Klasse. Als er schließlich an der Tafel stand und das Symbol seines Lieblingsvereins zeichnete, hielt es Anna nicht mehr aus. Sie nahm die Trinkflasche aus der Tasche

und erzeugte damit auf Alexanders Stuhl eine kleine Pfütze. Als die Klingel zu Stunde schellte und Frau Busch kam, musste er sich ganz schnell hinsetzen …

4

Singular	Plural
der Stamm	die Stämme
der Baum	die Bäume
der Wald	die Wälder
der Stuhl	die Stühle
das Bett	die Betten

Singular	Plural
der Sinn	die Sinne
die Unsicherheit	die Unsicherheiten
das Herz	die Herzen
die Atmosphäre	die Atmosphären
die Familie	die Familien

5 siehe Tabelle unten

6 schlafen – wachen, liegen – stehen, brüllen – flüstern, öffnen – schließen, verkleinern – vergrößern, geben – nehmen, fragen – antworten, bringen – holen, schieben – ziehen, lieben – hassen, loben – tadeln, reden – schweigen, arbeiten – faulenzen, frieren – schwitzen, hinsehen – wegsehen, vergrößern – verkleinern, gönnen – neiden

7 Komm, ich habe, wir verabredeten uns, spielten wir, langweilten wir uns, hatte, wurde nicht eingeweiht, wir schickten, er sollte holen, schlichen, drehte, nahm, öffnete, fanden, füllten, klopfte, waren gefahren, verschraubten und steckten, hoffe, ausleert, hat angedeutet

8 Singular:
2. Person: du arbeitest, du fährst
3. Person: er, sie, es arbeitet, er, sie, es fährt
Plural:
1. Person: wir arbeiten, wir fahren
2. Person: ihr arbeitet, ihr fahrt
3. Person: sie arbeiten, sie fahren

1. Person: ich gebe, ich sehe, ich nehme
2. Person: du gibst, du siehst, du nimmst
3. Person: er, sie, es gibt, er, sie, es sieht, er, sie, es nimmt
1. Person: wir geben, wir sehen, wir nehmen
2. Person: ihr gebt, ihr seht, ihr nehmt
3. Person: sie geben, sie sehen, sie nehmen

1. Person: ich bin, ich habe, ich werde
2. Person: du bist, du hast, du wirst
3. Person: er, sie, es ist, er, sie, es hat, er, sie, es wird

Fall	Lateinischer Begriff	Singular	Plural
1. Fall	Nominativ	der Hund	die Hunde
2. Fall	Genitiv	des Hundes	der Hunde
3. Fall	Dativ	dem Hund	den Hunden
4. Fall	Akkusativ	den Hund	die Hunde

1. Fall	Nominativ	die Katze	die Katzen
2. Fall	Genitiv	der Katze	der Katzen
3. Fall	Dativ	der Katze	den Katzen
4. Fall	Akkusativ	die Katze	die Katzen

1. Fall	Nominativ	das Haus	die Häuser
2. Fall	Genitiv	des Hauses	der Häuser
3. Fall	Dativ	dem Haus	den Häusern
4. Fall	Akkusativ	das Haus	die Häuser

1. Person: wir sind, wir haben, wir werden
2. Person: ihr seid, ihr habt, ihr werdet
3. Person: sie sind, sie haben, sie werden

9 nennt, war, wog, maß, hat gebraucht, trug, musste gewesen sein, hatte gegeben, spezialisieren, betrachten, finden wird

10 Vergangenes (früher): war, wog, maß, hat gebraucht, trug, musste gewesen sein, hatte gegeben
Gegenwärtiges (jetzt): nennt, spezialisieren, betrachten
Zukünftiges (später): finden wird

12 Gegenwart (Präsens): gibt, stammt, zeigt, geht aus
Präteritum (1. Vergangenheit): lebte
Perfekt (2. Vergangenheit): haben genannt, hat behalten
Plusquamperfekt (3. Vergangenheit): hatte verlassen
Futur I (1. Zukunft): wird geben, werden durchmachen, wirst erleben
Futur II (2. Zukunft): werden zurückgebildet haben

13 es gibt: Präsens, Singular, 3. Person
es wird scheinen: Futur I, Singular, 3. Person
wir haben genannt: Perfekt, Plural (Mehrzahl), 1. Person
er hat verlassen: Perfekt, Singular, 3. Person
sie werden zurückbilden: Futur I, Plural, 3. Person

14 a) ich rufe, du holtest, er, sie, es ist gekommen, wir haben gedacht, ihr werdet wachsen, sie werden gehen, ihr wart, du wirst haben, du hältst
b) sein, werden, haben

15 er, sie, es nennt; du warst; wir haben gegriffen; er, sie, es flieht; du wirst haben; ihr werdet haben; du schriebst; sie sind gekommen; ich hielt; ihr werdet siegen; sie werden; ich ging

16 Der richtige Fahrradhelm
Den besten Schutz auf dem Fahrrad bietet nur ein guter Helm. Er schützt Stirn, Schläfen und Hinterkopf. Dabei lässt er dem Fahrer die notwendige Sicht und schränkt auch das Gehör nicht ein. Damit der Helm an die unterschiedlichen Kopfgrößen angepasst werden kann, gibt es die abnehmbaren Polster. Sie werden mit einem unverrutschbaren Klettverschluss befestigt. Auf diese Weise erhält man den optimalen Kopfschutz, der sogar „mitwachsen" kann.

17 a) Singular: des guten Helms, dem guten Helm, den guten Helm;
Plural: die guten Helme, der guten Helme, den guten Helmen, die guten Helme
b) Singular: der freien Straße, der freien Straße, die freie Straße;
Plural: die freien Straßen, der freien Straßen, den freien Straßen, die freien Straßen

18 gläsernes, starken, Regens, heftigem, rote, großen, kleinen, besten, einer, geordneten, eine, nette, strenge, keinen, gestempelten, identifizierbares, geringste, vollen

19 warm, wärmer, am wärmsten; flach, flacher, am flachsten; lustig, lustiger, am lustigsten; heiß, heißer, am heißesten

20 viel, mehr, am meisten; hoch, höher, am höchsten; gut, besser, am besten; gern, lieber, am liebsten; nah, näher, am nächsten

21 schnell, schneller, am schnellsten; schwer, schwerer, am schwersten; heiß, heißer, am heißesten; lang, länger, am längsten; mild, milder, am mildesten; tief, tiefer, am tiefsten; ruhig, ruhiger, am ruhigsten

22 haushoch, blind, zahnlos, steinreich, strohdumm, kinderlos, uralt, sechseckig, spindeldürr, federleicht, nagelneu, nackt, ledig, bildhübsch, wörtlich, wunderschön, lebendig

23 mich, sie, ihr, wir, sie, Ich, ihr, er, Ich, Mich, mir er, Sie, mir, Ich, sie, mir

24 du, deiner, dir, dich; er, seiner, ihm, ihn; sie, ihrer, ihr, sie; es, seiner, ihm, es; ihr, euer, euch, euch; sie, ihrer, ihnen, sie

25 Stillarbeit
Paul erzählt: Wenn unser Klassenlehrer mal krank ist und niemand ihn vertreten kann, gibt es Stillarbeit. Dazu kommt meist die Rektorin zu uns Kindern. Sie sagt uns dann, was wir in dieser Stunde tun sollen.
Kaum ist sie aber wieder weg, geht es los! – Zuerst spielen wir mit einem Ball, dann mit drei Tennisbällen gleichzeitig. Manuel wirft die Tennisbälle wahllos an die Wand. Er juchzt vor Freude. Wer dann einen Ball fängt, darf ihm seine Initialen aufmalen.

26 Bei uns in der Klasse; Da sitzt keiner auf oder unter dem Tisch; durch die Luft, kämpfend über den Boden; in der Luft schwebende, mit kurzen Liebesgrüßen darauf; gegen die Fensterscheibe, auf den Lehrertisch, neben die Tafel; Während der kleinen Pausen; hinter dem Schrank; entgegen anderen Behauptungen; zuwider.
Wenn in unserer Klasse; vor drei Tagen; während der Stunden; in den Pausen.

27 in, unter, über, zwischen, bei, nach, entgegen, wegen, seit, gegenüber, außer, aus, ohne

28 laufen und springen; ehe wir endlich, Handball oder Fußball; entweder Handball oder Fußball; sowohl das eine als auch das andere; Obwohl sie, bis zur Erschöpfung, damit sie

29 Leckere Bärentatzen
Für diese Leckerei benötigst du Sahnequark und etwas Kakao sowie einige Löffel Zucker. Weiterhin brauchst du zarte Haferflocken und eine Prise Vanillezucker. Ganz wichtig ist gemahlene Gelatine, damit später alles fest wird. Löse die Gelatine mit warmem Wasser auf, bevor du die anderen Zutaten zubereitest, sodass sie sich schon leicht eindickt. Nachdem das geschehen ist, gibst du alles Übrige dazu und verrührst es so, dass eine feste Creme entsteht. Fülle dann die Creme in Muschelformen oder ähnliche kleine Gefäße. Sobald alles erkaltet ist, kippst du die „Bärentatzen“ auf ein Tablett. Bevor sie zum Essen gereicht werden, verziere sie noch mit Mandelsplittern oder ähnlichen „Krallen“. – Guten Appetit!

30 Ein spannendes Buch
Viktor kommt aus Russland und ist in der 5. Klasse einer deutschen Schule. Weil er ein toller Fußballspieler ist, wird er sofort in die Klassengemeinschaft aufgenommen. Aber wie kommt es, dass Viktor plötzlich die ganze Klasse verprügelt? Sie haben sich über ihn lustig gemacht, denn er hat noch große Probleme mit der deutschen Sprache. Das ist die einfache Erklärung. – „Lasst uns eine Bande gründen!“, fordert Andy die anderen auf. – „Soll Viktor dazugehören?“, fragt einer. – „Auf jeden Fall!“, rufen alle. – Als Erkennungszeichen sollen alle Hosenträger tragen. – Dann gibt es Probleme. Viktors Schwester will auch in die Bande eintreten. – „Soll die auch Hosenträger tragen?“, fragen die anderen. – Darf Viktors Schwester überhaupt Jungenabenteuer und Jungenstreiche mitmachen? – Man findet schließlich eine gute Lösung. – Und am Ende begreifen alle, dass Freundschaft das Wichtigste ist.

31 (Ronja Räubertochter)(kommt)
(in einer Gewitternacht)(auf die Welt.)

32 (In einer Gewitternacht)(kommt)
(Ronja Räubertochter)(auf die Welt.)
(Auf die Welt)(kommt)(Ronja Räubertochter)(in einer Gewitternacht.)
(Kommt)(Ronja Räubertochter)
(in einer Gewitternacht)(auf die Welt?)

33 Das Hochrad
Vor ca. 120 Jahren fuhren die Menschen auf einem Hochrad. Es bestand aus einem sehr großen Vorderrad und einem kleinen Hinterrad, das als Stütze diente. Der Fahrer saß auf dem Vorderrad so hoch wie ein Reiter. Darum nannte man dieses Rad auch Stahlross. Die Reifen bestanden aus Vollgummi. Frauen fuhren dieses Fahrrad nicht gerne. Der lange Rock geriet oft in die Speichen.

34 Der Drahtesel
Das heutige Fahrrad wurde vor etwa 100 Jahren erbaut. Es hatte in etwa die Höhe eines Esels. Deshalb wurde dieses Fahrrad auch Drahtesel genannt. Die Pedale waren durch eine Kette mit dem Hinterrad verbunden. Die Umdrehungen des Pedals trieben somit dieses an. Das Fahrrad damals sah in etwa so aus wie unser Fahrrad heute. Der Fahrradrahmen, die Felgen und Speichen bestanden aus hochwertigem Stahl. Das heutige Fahrrad bietet gegenüber dem Hochrad mehr Komfort: Fällt man herunter, tut man sich nicht so weh.

35 ein Sturzhelm, die Ohren, das Anprobieren, der Helm

36
a) Am Sonntag gehen wir oft in den Zoo: Wer oder was geht am Sonntag oft in den Zoo? Wir gehen am Sonntag oft in den Zoo.
b) Unser Papa kauft die Karten an der Kasse. Wer oder was kauft die Karten an der Kasse? Unser Papa kauft die Karten an der Kasse.
c) Der Affenbaum gefällt uns am besten. Wer oder was gefällt uns am besten? Der Affenbaum gefällt uns am besten.
d) Dort turnen Paviane, Schimpansen und andere Affenarten. Wer oder was turnt dort? Paviane, Schimpansen und andere Affenarten turnen dort.

37 Im Zoo
Die größten Futterstückchen behält sich immer das Schimpansenmännchen. Die Jungen und die Weibchen warten gehorsam. Oft bleiben auch für sie eine Banane oder Nüsse übrig. Wir gehen dann weiter zum Raubtiergehege. Das große Tigermännchen liegt faul am Boden und schläft. Etwas unruhig läuft die Löwenmutter auf und ab. Sie bewacht ihr Junges. Am Ende dürfen wir Kinder noch auf den großen Spielplatz. Die große Abenteuerrutsche ist schon voll. Deshalb gehen Paul und ich zur Piratenschaukel. Hei, macht das Spaß! Vater mahnt uns dann zum Aufbruch. Ich freue mich schon auf den nächsten Sonntag im Zoo.

38 Die Mutter entbindet den Arzt seiner Schweigepflicht.
Die Polizei verdächtigt den Mann des Betruges.
Der Lehrer beschuldigt Paul des Abschreibens.
Der Richter klagt den Mörder des Verbrechens an.
Der Detektiv überführt den Jungen des Diebstahls.
Marion schämte sich ihrer Tränen nicht.

39 Oma im Krankenhaus
Unserer Oma schmerzt schon seit mehreren Wochen das Bein. Der Hausarzt riet ihr deshalb, sich im Krankenhaus genauer untersuchen zu lassen. Mein Opa brachte sie am Morgen in die Klinik, und der Pfleger zeigte den beiden das Krankenzimmer. Oma bezog ihr Zimmer und näherte sich vorsichtig der Zimmernachbarin, die mit gebrochenem Bein dalag. Freundlich gab Oma ihr die Hand und begrüßte sie. Später verabreichte der Arzt Oma eine Schmerzspritze. Nachmittags kamen Mama, Paul und ich zu Besuch und schenkten ihr Zeitschriften gegen die Langeweile. Oma versprach uns Kindern, bald wieder gesund zu werden. Dann kann sie meinem Bruder

und mir wieder interessante Geschichten vorlesen.

40 Die neuen Mieter
Neugierig standen meine Schwester und ich am Fenster unserer Wohnung, denn wir sahen einen großen Umzugswagen vor unserer Eingangstür. Zwei Möbelpacker bewegten schon bald die hintere Rampe nach unten. Eine junge Frau gab den Männern genaue Anweisungen. Schon begannen diese, die Möbel auszuladen. Zwei Mädchen in unserem Alter sprangen aufgeregt die Treppe hinunter und stellten ihrer Mama unzählige Fragen. „Kennst du diese Mädchen?“, fragte meine kleine Schwester. „Nein, die Frau und diese zwei Mädchen beziehen sicher die leere Wohnung unten im ersten Stock“, antwortete ich. Nach einer Stunde hatten die Möbelpacker ihre Arbeit beendet. Sie bestiegen ihren Lastwagen und fuhren davon. Mama lud gleich die beiden Mädchen zu uns zum Spielen ein. Die junge Frau schenkte uns zum Dank Mandarinen und eine Tafel Schokolade.

41 Mama schreibt ihrer besten Freundin zu Weihnachten eine Karte.
In der Parkstraße stahl der Dieb dem Mädchen den Geldbeutel.
Onkel Werner gab seiner Nichte ein großes Stück Kuchen.
Zum Geburtstag schenkte mir meine Oma einen neuen MP3-Player.
Zur Belohnung zeigte uns Papa sein neu gekauftes Auto.
Der Bürgermeister überreichte dem Lebensretter eine goldenen Medaille.

42 Ein provisorisches Aquarium
Wenn du mal für kurze Zeit einige Wassertiere und Wasserpflanzen beobachten willst, kannst du dazu ein einfaches Aquarium einrichten. Notfalls lässt du dir ein großes Einweckglas dafür schenken. Fülle etwas sauberen Sand ein. Dem Sand kannst du auch einige Steine beifügen. Vergiss nicht, Wasserpflanzen einzusetzen. Du bekommst sie billig im Zoofachgeschäft. Der Händler gibt jedem interessierten Kind auch gerne wichtige Ratschläge.
Kauf auch gleich eine Schnecke. Diese gibt der Pflanze ihre verdaute Nahrung. Die von der Wasserpflanze ausgeschiedenen Sauerstoffbläschen dienen wiederum der Schnecke zum Atmen. Ihre Blätter sind gleichzeitig das Schneckenfutter.
Dem Aquarium sollte man einen hellen Platz geben. Meide aber die Sonne. Ein Teller obendrauf dient dem Schutz von außen.
Wenn du deinen künftigen „Gästen“ alles gut eingerichtet hast, kannst du dir einige Tierchen fangen. Dann erlebst du z. B. Mückenlarven, Kaulquappen und Wasserspinnen hautnah.
Vergiss nicht, sie nach etwa zwei Tagen in die Natur zurückzubringen.

43 Der Fahrradführerschein
Letzten Sommer machte unsere Klasse den Fahrradführerschein. Jeden Freitag holte uns der Bus ab und fuhr uns zum Verkehrsübungsplatz. Freundlich begrüßte uns dort der Verkehrspolizist und erklärte uns die neuen Verkehrsregeln. Nach wenigen Minuten gingen wir gemeinsam zur Garage und holten unsere Fahrräder. Besonders aufpassen mussten wir dieses Mal an der Baustelle. Nach einiger Zeit schaltete der Polizist die Ampel ein. Jetzt mussten wir sehr vorsichtig fahren, weil von der anderen Fahrbahn Gegenverkehr kam. Am Ende der Fahrstunde lobte uns der Polizist, weil wir so gut aufgepasst hatten. Dann brachte uns der Bus wieder zurück zur Schule.

44 Beispiellösung:
Lieber Tom,
ich habe am Sonntag, den 5. Juli, Geburtstag und möchte zum Kegeln gehen. Die Kegelbahn befindet sich im Pfarrzentrum Hl Geist im Untergeschoss. Kann dich deine Mama um 15.00 Uhr

dorthin bringen? Nach dem Kegeln gehen wir noch zum Pizzaessen in die Pizzeria Dragone gleich gegenüber vom Pfarrzentrum. Es wäre schön, wenn dich dort deine Mama um ca 19.00 Uhr abholen könnte. Ich würde mich freuen, wenn du kommen könntest. Dein Tim

45 Über die Luft
Luft gibt es überall auf der Erde. Wir brauchen sie unser ganzes Leben lang. Manchmal weht sie von der See her, manchmal wieder von den Bergen. Im 17. Jahrhundert entdeckte man, dass die Luft außer Sauerstoff auch noch andere Bestandteile enthält. Den größten Anteil, nämlich 78 Prozent, bildet der Stickstoff. Luft ist immer lebensnotwendig. Gibt es auf der Erde keine Luft, so stirbt hier alles ab. Viele Menschen haben im Winter Probleme beim Atmen. Vor allem Kinder leiden in der kalten Jahreszeit unter Husten und Schnupfen. Meistens hilft Medizin vom Kinderarzt. Nur selten entwickelt sich aus der Erkältung eine Lungenentzündung. Diese muss dann oft im Krankenhaus behandelt werden.

Zwischentest, Seite 76

1 Nomen: Artikeln, Gleises, Karpfen, Verb, Start
Verben: ersetzte, starteten, folgst, mag, gingen
Adjektive: ersetzbar, rotem, vollem, hart, frei
Pronomen: ihm, dir, mein, unser, ihr
Artikel: eine, der, des, ein, eines
Präpositionen: nach, durch, entlang, über, zwischen

2 du holtest, sie ist gekommen, wir hatten gedacht, ihr werdet wachsen, sie werden gegangen sein

3 Meine kleine Schwester spielt im Garten mit ihrem Ball. Rainer wischt mit einem Schwamm die Tafel ab. Morgen werden wir mit Familie Huber ins Schwimmbad gehen. Freudig sprangen die jungen Hunde im Garten herum. An Weihnachten freue ich mich immer auf den Christbaum. Diesen Sommer fahren Oma und Opa mit uns zusammen in den Urlaub. Der starke Wind wehte die letzten Blätter von den Bäumen. Mama erfreute mich mit ihrem Geburtstagsgeschenk. Im Kaufhaus begegnete ich zufällig meiner besten Freundin. Papa zeigt ihm sofort das neue Rennrad. Der Staatsanwalt verdächtigte den Mann des Diebstahls. Wir sollten dieses Frühjahr unsere Gartenmöbel frisch streichen. Sofort alarmierte die umsichtige Dame den Rettungswagen. Unsere neuen Meerschweinchen fühlen sich in ihrem Stall sehr wohl. Lege bitte das Buch nicht wieder dorthin.

Die Erzählung, Seite 78–89

1 Die Überschriften (3) und (5) lassen ahnen, dass etwas Spannendes passiert ist. Gefühle wie Angst müssen auch eine Rolle gespielt haben. Das Erlebnis wird nicht ganz ungefährlich gewesen sein. Die anderen Überschriften versprechen zu wenig. Sie verlocken kaum zum Lesen.

2 In Einleitung B erfährt man nichts Näheres über die Personen, den Ort und die Zeit. Außerdem verrät sie schon, dass nachts ein Gewitter über das Zelt hereinbrechen wird.

3 Beispiellösung: Es fängt sofort spannend an: keine langweiligen Erklärungen, nichts Unwichtiges. Man „hört“ den Erzähler „richtig sprechen“ und will unbedingt erfahren, wie es weitergeht, was geschehen ist.

4 individuelle Lösung

5 Stichwörter könnten sein:
Einleitung 1. allein zelten
Hauptteil 2. Vorbereitungen
3. seltsame Geräusche
4. es beginnt zu regnen
5. ein fürchterlicher Schlag
Schluss 6. in Sicherheit

6 So schnell wie wir haben Pfadfinder selten ihre Behausung verlassen. ~~Wir sind schon drei Jahre Pfadfinder. Ich weiß noch, wie alles anfing. Eigentlich wollte Markus gar kein Pfadfinder werden.~~ Wir rannten zum Weg, wo Vaters Auto stand. ~~Es ist ein grüner VW~~. Vater sicherte noch kurz das Zelt und kam dann eilig zurück. Alle waren klatschnass. Und erst jetzt konnten wir wieder sprechen. Zuerst brachten wir Markus nach Hause. Mama machte mir dann noch einen heißen Tee. Und endlich konnte ich in mein sicheres Bett kriechen. ~~Nachts träumte ich von einem Ufo. Damit flogen Markus und ich auf den Mars. Dort trafen wir lauter grüne Männchen und schlossen Freundschaft mit ihnen. Die hält bis heute.~~

7 Beispiellösung: Angst im Zelt
Markus und ich sind Pfadfinder. In den großen Ferien wollten wir einmal allein ausprobieren, was wir beim Zelten schon alles gelernt hatten. Von einem bekannten Bauern bekamen wir die Erlaubnis, seine Wiese zu benutzen. Bald war alles eingerichtet. Auch die Lampe funktionierte, und wir ahnten noch nichts Schlimmes.
Am Nachmittag schien die Sonne. Bis zum Dunkelwerden arbeiteten wir am Zelt. Sogar einen kleinen Wassergraben hob Markus aus. Danach aßen wir und legten uns bei leiser Musik bald schlafen. Plötzlich wachte Markus auf und weckte mich. Er sagte: „Ich habe was gehört! Ein Knacken und Brummen!“ Darauf sah ich vorsichtig aus dem Zelt. Nichts. Wir waren ganz still und rückten ein wenig aneinander. Das war wohl nur ein Traum gewesen. Wir schliefen wieder ein.
Irgendwann tropfte es mir ins Gesicht. Ich konnte nicht gleich die Taschenlampe finden. Dann sah ich das kleine Loch im Dach. Es regnete und der Wind blies. Ich rückte mit der Luftmatratze ein Stück zur Seite und stellte meinen großen Trinkbecher für die Tropfen auf. Markus schlief fest. Ich kuschelte mich wieder in die Decke.
Da krachte es fürchterlich. Noch einmal! Markus und ich saßen starr auf der Luftmatratze. Sogar durch die Zeltwand sahen wir grelle Blitze. Draußen war es sekundenlang taghell. Wieder näherte sich ein tiefes, schweres Donnergrollen, und ich schaltete zitternd die Taschenlampe an. Da krachte und blitzte es wieder. Wir rückten enger zusammen. Der Trinkbecher mit dem Regenwasser fiel um. Ich glaube, bei Markus sah ich eine Träne. Dann zerrte der Wind am Zelt. Regen und Hagel kamen dazu. „Wo ist dein Handy?“, fragte ich. Wir konnten es nicht finden. Eine Ecke des Zeltes fing bedrohlich an zu flattern. Vom Dach tropfte es heftiger. Ein neuer Blitz und gleich wieder der Donner! Mir war ganz trocken im Hals. Da musste ich fast weinen. Und auf einmal riss es an der Zelttür. Der Verschluss öffnete sich und starkes Licht blendete uns. „Hallo Jungs!“, rief mein Vater. „Raus mit euch und ab nach Hause!“
So schnell wie wir haben Pfadfinder selten ihre Behausung verlassen. Wir rannten zum Weg, wo das Auto stand. Vater sicherte noch kurz das Zelt und kam dann eilig zurück. Alle waren wir klatschnass. Und jetzt erst konnten wir wieder reden. Zuerst brachten wir Markus nach Hause. Mama machte mir dann noch einen heißen Tee. Und endlich konnte ich in mein sicheres Bett kriechen.

8 individuelle Lösung

9 Die Beispiellösung zu Aufgabe 7 berücksichtigt schon diese Tipps zur Verbesserung. Findest du die Wörter?

10 individuelle Lösung

12 Beispiellösung: Astor ist weg

13 Beispiellösung:
Die Waldwiese war nicht weit. Anna und Astor brauchten nur die kleine Straße zu überqueren und dann auf der kleinen Brücke über den Bach zu laufen. Der Hund freute sich schon und war ganz aufgeregt. Ständig zog er an der Leine, sodass Anna Mühe hatte, ihn zu halten. Endlich ließ sie ihn los. Astor raste in großem Bogen durch das Gras. Dann kam er zurück, sprang dankbar an Anna hoch und wälzte sich wohlig auf dem Boden.
Da knackte es im Gebüsch! Astor stand plötzlich still und wach im Gras, die Ohren angehoben. Die Rute hielt er waagrecht. Ruhe. Dann sah Anna kurz etwas Rotbraunes hinter dem grünen Laub. Ein Fuchs? Astor hatte nichts bemerkt, denn Hunde sehen nicht besonders gut. Aber dann!
Auf einmal schoss der Hund davon. Er musste Witterung von dem Fuchs bekommen haben. Schräg über die Wiese in Richtung Gebüsch und Wald! Als sie zu rufen anfing, war er schon verschwunden. Hastig lief sie hinterher und sah sich verzweifelt um. Aber sie musste nicht lange suchen. Da sah sie ihn, wie er an einem kleinen Hügel an einem Loch buddelte. Astor scharrte, bellte und biss in die Erde, dass alles nur so durcheinanderwirbelte. Auf Anna hörte er überhaupt nicht mehr.
Bald war Astors Kopf verschwunden und dann auch fast noch die Schulter. Anna wusste nicht, was sie machen sollte. Sie war nahe daran zu weinen. Da wurde es still, Astor bewegte sich kaum noch. Er jammerte leise, kam aber nicht zurück. Anna bekam solche Angst, dass sie zu den Eltern lief und kleinlaut alles erzählte.
Annas Vater sprach kurz mit dem Vermieter. Sie nahmen zwei Spaten und eine Astschere. Anna musste ihnen den Weg zeigen. Als sie im Wald bei Astor waren, bekam Anna noch mehr Angst: Der Hund bewegte sich noch immer nicht. „Er ist eingeklemmt oder hat sich verhakt", sagte der Vermieter. „Hoffentlich hat er sich nicht mit dem Fuchs verbissen", wünschte sich Annas Vater. Dann gruben die beiden Männer von zwei Seiten. Vorsichtig wurde die Erde abgetragen, bis der Kopf sichtbar wurde. Bewegte sich Astor? Da sagte Annas Vater: „Er hat sich mit dem Halsband an einer Wurzel verhakt." Mit der Astschere durchtrennten sie das Wurzelstück und Astor war frei! Er schüttelte sich kräftig, begrüßte Anna freudig und wollte gleich weiterscharren. Aber die nahm ihn gleich an die Leine, und sie gingen langsam zurück. Alle waren erleichtert. Mit dem Toben auf der Waldwiese war es allerdings erst mal vorbei.

Zwischentest, Seite 88 bis 89

1

Überschrift	☐ treffend	☒ geht so	☐ passt nicht
Einleitung	☒ treffend	☐ geht so	☐ passt nicht
Hauptteil	☒ treffend	☐ geht so	☐ passt nicht
Schluss	☐ treffend	☒ geht so	☐ passt nicht
Spannungsbogen	☐ treffend	☒ geht so	☐ passt nicht
wörtliche Rede	☐ treffend	☐ geht so	☒ passt nicht
Satzanfänge und Wortwiederholungen	☒ treffend	☐ geht so	☐ passt nicht
Zeitformen des Verbs	☐ treffend	☒ geht so	☐ passt nicht

Einen Bericht schreiben, Seite 90–98

1 Wer? – Unfallbeteiligte: Anna Meyer (mit Fahrrad), ein Mann, ca. 60 Jahre alt (mit Golf: FW – XY 98)
Wer? – Zeugen: Jan, Frau Kluge
Wo? – Ort, Straßen: Kreuzung Weberstraße – Goethestraße
Was? Wie? – das Geschehen: Anna und der Golf stießen zusammen.
Welche Folgen? – Schäden und was dann geschah: Annas Hose und das Fahrrad beschädigt. Kotflügel des Golfs eingebeult. – Aufnahme des Unfalls durch die Polizei. Polizei brachte Anna nach Hause.

2 1. Wer? – Unfallbeteiligte: Anna Meyer (mit Fahrrad), Herr Max Jung (mit Golf: FW – XY 98)
Wer? – Zeugen: Jan Scherer, Frau Kluge
Wann? – Datum und Uhrzeit: 2. Februar 2010, 07.20 Uhr
Wo? – Ort, Straßen: 67433 Neustadt, Kreuzung Weberstraße – Goethestraße (= Vorfahrtstraße)
Was? Wie? – das Geschehen: Anna Scherer bog nach links in die Goethestraße ein und fuhr vor den Golf. Golf musste scharf bremsen.
Welche Folgen? – Schäden und was dann geschah: Annas Hose und das Fahrrad beschädigt. Kotflügel des Golf eingebeult. – Aufnahme des Unfalls durch die Polizei. Polizei brachte Anna nach Hause.

3 Name und Anschrift der Einrichtung (= das ist Annas Schule – sie war ja auf dem Schulweg):
z. B. Schillerschule, 67433 Neustadt, Gerberstraße 12
Art der Einrichtung (= Abkürzung für die Schulart): z. B. GS für Grundschule
Name: Meyer, Anna – 27.07.1998
Geschlecht: „weibl." ankreuzen
Staatsangehörigkeit: z. B. deutsch
Anschrift: 67433 Neustadt, Postgasse 7
Name und Anschrift des gesetzl. Vertreters:
(= dieselbe wie Annas, wenn sie bei den Eltern wohnt)
Krankenkasse: z. B. AOK Neustadt; Kreuzchen wahrscheinlich bei „familienversichert"
Wochentag usw.: Montag, 2. Februar 2010, 07.20 Uhr
Tätigkeit …: (Damit ist Annas Schultag gemeint) – z. B. 08.00–13.15 Uhr
Verletzte Körperteile: linkes Knie leicht geschrammt
Ärzte und Krankenhaus: „Striche", weil das nicht nötig war
Unfallstelle: 67433 Neustadt, Kreuzung Goethestraße/Weberstraße
Unfallhergang: Ich war mit dem Fahrrad auf dem Weg zur Schule und wollte von der Weberstraße nach links in die Goethestraße einbiegen. Dabei übersah ich den Golf und stieß mit dem Fahrzeug zusammen.
Zeugen: Jan Scherer, 67433 Neustadt, Weberstraße 7; Frau Kluge, Weberstraße 1
Hat der Verletzte wegen des Unfalls … unterbrochen? – Ja, 08.00–13.15 Uhr

4
a) Als ich an die Kreuzung kam, hörte ich plötzlich ein lautes Quietschen.
b) Anna wurde von einem Golf erfasst, weil sie die Vorfahrt missachtet hatte.
(Oder: Anna wurde von einem Golf erfasst, denn sie hatte die Vorfahrt missachtet.)
c) Der Autofahrer lief sofort zu Anna, aber sie war schon aufgestanden.
d) Annas Fahrrad hatte vorn eine Acht, ihre Hose war beschädigt, und das linke Knie war leicht abgeschürft.
e) Die Polizisten brachten Anna nach Hause, da sie mit dem Rad nicht mehr fahren konnte und weil sie einen kleinen Schock hatte.

5 Beispiellösung:
Unfallbericht
Am Montag, 2.2.2010, wurde die Schülerin Anna Meyer in Neustadt von Herrn Max Jung angefahren. Anna befand sich mit dem Fahrrad auf dem Weg zum Unterricht. An der Kreuzung Goethestraße/Weberstraße wurde sie dabei von Herrn Jungs Golf erfasst.
Die 12-jährige Schülerin Anna Meyer wollte mit dem Fahrrad von der Weberstraße nach links in die Goethestraße einbiegen. Dabei achtete sie nicht auf die Vorfahrt und übersah den herankommenden Golf (FW – XV 98). Der Autofahrer, Herr Jung, musste scharf bremsen, erfasste Anna aber noch mit dem linken Kotflügel. Anna stürzte auf die Straße, wo ihr Herr Jung sofort half. Ihr linkes Hosenbein war unterhalb des Knies eingerissen, dort war eine kleine Schürfwunde entstanden. Der Golf hatte eine Delle im Kotflügel.
Inzwischen hatte Frau Kluge, Weberstraße 1 die Polizei verständigt.
Zwei Polizisten nahmen den Unfall auf. Herr Jung konnte weiterfahren. Anna wurde von den Beamten nach Hause gebracht. Sie sollte sicherheitshalber einen Arzt aufsuchen.

6 Beschädigung einer Fensterscheibe in der Klasse 5d (Ein Schülerbericht)
Am Mittwoch, dem 10. März 2010, hatten Jasmin, Markus und ich (Anna) nachmittags Volleyball-AG bei Herrn Habermann. Wir wollten uns wie immer um 14.50 Uhr im Klassenraum der 5d treffen, wo die Bälle liegen. Dort warteten wir. Als 5 Minuten nach 3 Uhr noch immer kein Lehrer da war, übten wir schon mal ein bisschen.
Dabei ging eine Scheibe des rechten großen Klassenfensters zu Bruch. Markus hatte den Ball zu Jasmin geworfen. Jasmin gab weiter an mich, ich wieder an Markus. Der spielte den Ball schräg an die Wand, von wo er abprallte und mich am Kopf traf. Ich riss dadurch zwei Stühle von einem Tisch. Ein Stuhl davon fiel Markus auf den Fuß, als er gerade noch den Volleyball wegschlug. Der flog in die Scheibe. Das Glas sprang und splitterte teilweise heraus. Sonst war nichts passiert.
Anschließend liefen wir sofort zum Hausmeister. Dort trafen wir auch Herrn Habermann. Beide fegten die Glassplitter zusammen und sicherten das Fenster provisorisch mit einer großen Pappe. Danach gingen wir zur AG in die Sporthalle.

Zwischentest, Seite 98

1 ~~Das wunderschöne Fahrrad mit den gelben Felgen lag verbogen auf der Straße~~. – Das Vorderrad des Fahrrades war verbogen. – Ihr rechtes Hosenbein war eingerissen. – Das linke Knie blutete. – ~~Ich hoffte, dass meiner Freundin nichts passiert war~~. – Es regnete zu diesem Zeitpunkt. – In den Nachrichten hatte man schlechtes Wetter angesagt. – Die Polizei nahm den Unfall auf. – Es passierte auf der Kreuzung Goethestraße – Amselweg. – ~~Der Polizist setzte sich erst die Mütze auf, dann ging er zum Unfallort~~.

2 Wer? – Wo? – Wann? – Was? – Wie? – Welche Folgen?

Anleiten und Beschreiben, Seite 99–106

2 Zutaten: 2 Äpfel, 2 Orangen, 4 Kiwis, 2 Bananen, Zucker oder flüssiger Süßstoff, Zitronensaft, Joghurt; Sahne
Geräte: 1 große Schüssel, 1 scharfes Küchenmesser, 1 Schneidebrett, 1 großer Löffel
Zubereitung:
Äpfel waschen, abtrocknen, schälen, Kerngehäuse entfernen. Orangen, Bananen und Kiwis schälen. Alles in kleine Würfel schneiden; in die Schüssel geben. Die Orangen zuletzt, weil sie saften. Süßen, umrühren, Joghurt dazugeben.

3 Beispiellösung:
Rezept für Obstsalat
Zutaten:
2 Äpfel, 2 Orangen, 4 Kiwis, 2 Bananen, Zucker oder flüssiger Süßstoff, Zitronensaft, Joghurt
Geräte:
1 große Schüssel, 1 scharfes Küchenmesser, 1 Schneidebrett, 1 großer Löffel; Dessert-Tellerchen, kleine Löffel
Zubereitung:
Zunächst werden die Äpfel gewaschen, abgetrocknet und vom Kerngehäuse befreit. Dann wird alles geschält. Anschließend das ganze Obst mit dem scharfen Messer auf dem Brett in ca. 2 cm dicke Würfel zerschneiden. Bananen und Kiwis kann man auch in Scheibchen zerteilen. Die Orange sollte zuletzt zerteilt werden, da sie stark saftet. Alles wird sofort in die Schüssel gegeben.
Nach vorsichtigem Umrühren, damit nichts zerdrückt wird, muss abgeschmeckt werden: mit Zucker süßen oder mit Zitrone säuern. Wer mag, kann etwas einfachen Joghurt untermischen, das rundet den Geschmack weiter ab.
Servieren:
Zum Verzehr kann man den Salat in Dessert-Tellerchen füllen, gläserne machen sich hier besonders gut. Obendrauf Mandelsplitt, Schokostreusel und evtl. ein Sahnehäubchen.

5 Beispiellösung:
Die Verpackung enthält folgende Teile: TFT-Flachbildschirm mit Bildschirmfuß, Monitorkabel und Lautsprecherkabel, Netzanschlusskabel, Netzteil, Bedienungsanleitung mit Installations-CD und Garantiekarte
Sie benötigen noch einen kleinen Schraubenzieher.
Vorbereitungen am PC:
Achtung! Schalten Sie unbedingt den Strom zum PC und zum alten Monitor ab. Entfernen Sie die Netzkabel beider Geräte. Ziehen Sie anschließend das alte Monitorkabel vom PC ab.
Vorbereitungen am TFT-Flachbildschirm:
Den Bildschirm auf den Bildschirmfuß setzen und einrasten lassen. Fassen Sie dabei nicht auf die weiche Vorderseite des Bildschirms.
Danach sind Monitorkabel und Lautsprecherkabel hinten am Bildschirm einzustecken.
Das dünne Kabel des Netzteils (= Trafo) ist auf der Rückseite des Bildschirms einzustecken.
Stellen Sie anschließend den TFT-Bildschirm mit Fuß und den Kabeln auf den Computertisch.
Jetzt ist das freie Monitor- sowie das Lautsprecherkabel-Ende hinten am PC einzustecken (Eingang „Monitor“ auf der Grafikkarte bzw. „Audio“ auf der Soundkarte).
Danach können Sie das Netzteil (= Trafo) mit der Steckdose verbinden.
Inbetriebnahme:
Starten Sie nun den PC und schalten Sie den TFT-Flachbildschirm ein. (Achtung: Das Bild kann kurz flackern und anders aussehen als vorher!)
Falls der PC meldet „Neue Hardware gefunden“: Installations-CD ins CD-Laufwerk einlegen und starten.

Folgen Sie einfach den Hinweisen auf dem Bildschirm. – Fertig!
Weitere Feineinstellungen können an den Bildschirmknöpfen vorgenommen werden.

7 Bastelanleitung für einen Dino
Material und Werkzeug:
2 Luftballons (ein runder und ein länglicher), etwas Bindfaden, Tapetenleim, Zeitungspapier (einige Zeitungen),
1 dicker Tuschpinsel, Malkasten (Tuschkasten), 4 Papprollen (vom Toilettenpapier oder 2 vom Haushaltspapier, halbiert), Tesafilm, 1 Dose für den Leim.
Arbeiten
Rühre zuerst den Tapetenleim an, denn er muss etwas stehen, bis er gebrauchsfertig ist. Richte dich nach den Anweisungen auf dem Päckchen. Fülle immer erst das Wasser, dann das Leimpulver ein, sonst gibt es Klumpen. Der Leim sollte dickflüssig werden wie Trinkjoghurt.
Blas dann die Luftballons auf. Einer wird der Kopf, der andere der Rumpf. Hefte beide mit Tesafilm zusammen.
Nun beklebst du nach und nach alles mit kleinen Zeitungspapierfetzen. Dabei modellierst du den Körper mit dem feuchten Papier und Leim. So wächst dein Fantasie-Dino heran. Füge dann die Beine an und forme sie allmählich aus.
Eine Arbeitsunterbrechung von einem Tag lässt alles gut durchtrocknen. Es wird dadurch stabiler. Lagere den Dino dazu seitlich ab und stütze ihn.
Am Schluss kannst du deinen Dino fantasievoll mit Deckfarben bemalen.

Zwischentest, Seite 106

1 Gabi wollte schon immer einmal ein Vögelchen basteln und auf den großen Ast im Klassenzimmer hängen. Damit Gabi nicht traurig sein muss, versprach ihr die Lehrerin für die nächste Werkstunde, mit allen Kindern Vögelchen zu basten.
Du brauchst eine Vogelschablone, Ton papier, einen Fotokarton, Filzstifte und bunte Federn.
Du legst die Vogelschablone auf ein buntes Blatt Fotokarton und umspurst diese. Danach nimmst du eine Schere, schneidest den Vogelkörper aus und schneidest anschließend unter dem Rücken des Vögelchens einen etwa 1 cm breiten Spalt. Pass aber gut auf, dass du dich nicht in die Finger schneidest, sonst wird dein schönes Vögelchen blutig und die Lehrerin schimpft.
Anschließend schneidest du von deinem Tonpapierblatt ein Quadrat mit 10 cm Seitenlänge ab und faltest dieses zu einer „Ziehharmonika“. Diese schiebst du durch den Spalt am Rücken des Vogelkörpers. Das sind jetzt die Flügel des Vögelchens.
Nun nimmst du einen Kleber und hast dann viele Federchen auf die Flügel und auf den Körper des Vogels geklebt. Auch hast du schon Augen und Schnabel auf das Vögelchen geklebt. Jetzt ist das Vögelchen fertig.
Nimm nun eine Schnur und befestige sie am Vogelkörper. Damit kannst du das Vögelchen an einem Ast oder zu Ostern an einem Strauß mit Palmkätzchen aufhängen.

2
a) Verzichte bei einer Bastelanleitung auf unnötige/überflüssige/unnütze, abschweifende Angaben.
b) Rezepte sind Anleitungen.
c) In einer Anleitung wird die Zeitform des Präsens bevorzugt.

Abschlusstest, Seite 107–109

1 Ich war heute schon sehr früh in der Schule. Dann kam Maria. Sie hatte eine neue Frisur. Darüber musste ich sehr lachen. Aber das fand meine Lehrerin nicht schön. Da habe ich noch lauter gelacht. „Das findest du wohl auch noch lustig, was?“, sagte sie ärgerlich.

2 sechsundsechzig, längs, schrecklich, Familie, interessante, Fahrrad, Schule, gefährliche Kreuzung, rostiger, heute, Unterricht, nach Hause, kürzeste, Bus, bisschen, Papier
Das riesige, hässliche Ungetüm, das in der Länge bestimmt an die vier Meter maß, schoss auf Peter zu, sodass ihm angst und bange wurde.

3 a) Nomen b) Verb
c) Personalpronomen d) Artikel,
e) Präposition

4 Hunde sind Lauftiere. Sie brauchen deshalb viel Bewegung. Aber auch Frauchen und Herrchen sollten möglichst viel gehen und laufen. Joggen wäre für beide ideal. Die Partner sollten allerdings langsam anfangen. Später darf das Tempo dann allmählich gesteigert werden. – Hunde besitzen keine Schweißdrüsen. Sie regulieren ihre Körpertemperatur über das Hecheln mit der Zunge.

5 In der Erlebniserzählung helfen besonders aussagekräftige Verben und beschreibende Adjektive. (Natürlich müssen die verwendeten Nomen auch treffend sein.)

6

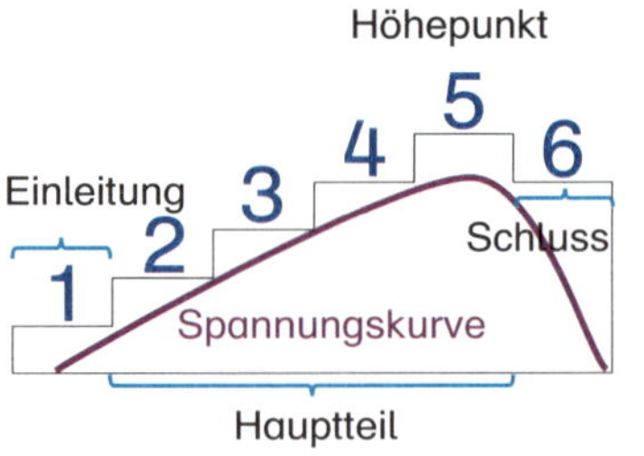

7 Der Bericht:
Mit dem Bericht will man jemanden ~~unterhalten~~/informieren. Es kommt auf ~~Gedanken und Gefühle~~/sachliche Einzelheiten an. ~~Empfindungen und möglichst viel wörtliche Rede sind wichtig~~. Eigene Gedanken spielen im Bericht keine Rolle. Als Zeitform verwendet man meist ~~das Futur~~/das Präteritum.

8 Ein Bericht ist keine Erlebniserzählung. Er muss in allen Teilen wahr (oder: zutreffend) sein. Du berichtest immer über etwas Vergangenes. Also benutze vor allem das Präteritum.

Hinweis: Hast du statt „wahr“ oder „zutreffend“ beispielsweise „richtig“ verwendet, dann gib dir dafür noch einen halben Punkt. Hast du statt Präteritum „Vergangenheit“ oder „Vergangenheitsform“ geschrieben, dann ist das inhaltlich korrekt, auch wenn es nicht zum Artikel „das“ passt. Auch dafür kannst du dir dann einen halben Punkt geben. Sonst gib dir jeweils einen Punkt für jede richtig gefüllte Lücke.

9 Beispiellösung: Eine schriftliche Anleitung soll eine oder mehrere Personen informieren, wie etwas gemacht/erledigt/gebastelt/aufgebaut werden kann/soll/muss.